JESUS VAI AO MCDONALD'S

Luiz Alexandre Solano Rossi

Jesus vai ao McDonald's

Teologia e sociedade de consumo

ALTA BOOKS
GRUPO EDITORIAL

Jesus vai ao McDonald's

Contra o Vento é uma empresa do Grupo Editorial Alta Books (STARLIN ALTA EDITORA E CONSULTORIA LTDA).

ISBN: 978-65-83604-68-2

Impresso no Brasil – 2ª Edição, 2025 – Edição revisada conforme o Acordo Ortográfico da Língua Portuguesa de 2009.

Dados Internacionais de Catalogação na Publicação (CIP)

R831j
2. ed. Rossi, Luiz Alexandre Solano
Jesus vai ao McDonald's: teologia e sociedade de consumo / Luiz Alexandre Solano Rossi. – 2. ed. Rio de Janeiro : Contra o Vento, 2025.
188 p.; 16 x 23 cm

Bibliografia.
ISBN 978-65-83604-68-2

1. Teologia. 2. Teologia da prosperidade. 3. Consumismo – aspectos religiosos 4. Cristianismo e questões sociais 5. Livro de Jó – interpretação social. I. Título.

CDD 261.8 CDU 27-67:330.567

Produção Editorial: Grupo Editorial Alta Books
Diretor Editorial: Anderson Vieira
Editor da Obra: Eduardo de Proença
Vendas Governamentais: Cristiane Mutüs
Gerência Comercial: Claudio Lima

Gerência Marketing: Andréa Guatiello
Revisão: Helena Almeida Oliveira
Diagramação: Luana Vulcano
Capa: Victoria Cristina Eduardo

ALTA BOOKS
GRUPO EDITORIAL

Rua Viúva Cláudio, 291 – Bairro Industrial do Jacaré
CEP: 20.970-031 – Rio de Janeiro (RJ)
Tels.: (21) 3278-8069 / 3278-8419
www.altabooks.com.br – altabooks@altabooks.com.br
Ouvidoria: ouvidoria@altabooks.com.br

Editora **afiliada à:**

SUMÁRIO

APRESENTAÇÃO

Este instigante trabalho é muito mais substancial do que seu atrativo título pode sugerir. O verdadeiro assunto do livro é o impacto do consumismo na igreja e na teologia. Esse tema já foi desenvolvido por outros, mas Luiz Alexandre Solano Rossi conseguiu realizar uma abordagem inovadora, em três partes. Na primeira, ele trata a luta de Jó contra a "teologia da retribuição" como o protótipo da atual "teologia da prosperidade". Na segunda, mostra, em consideráveis detalhes, como a teologia da retribuição guiou o rápido crescimento do pentecostalismo em seu país, o Brasil. Já na terceira, mostra como as premissas utilizadas pela indústria do *fast food* tanto se assemelham à teologia atual, que tem capitulado à fascinação e aos perigos do consumismo.

Desde a obra *Falar de Deus a partir do sofrimento do inocente*, de Gustavo Gutierrez, não foi feita uma leitura tão influenciadora sobre o livro de Jó, como um espelho literário das opressivas condições políticas e socioeconômicas da época. O autor retrata o livro de Jó de maneira convincente, como um protesto contra os efeitos opressivos do governo persa na Judá pós-exílica, os quais ele vê como o estímulo para a teologia da retribuição, tão ferozmente atacada por Jó.

A descrição do pentecostalismo brasileiro vai além da afirmação frequente de que as pessoas são arrastadas por sua espontaneidade espiritual, fixando-se na promessa do pentecostalismo de que aqueles que creem podem esperar alcançar recompensa e prosperidade econômica. Finalmente, a "McDonaldização da sociedade" torna-se uma lúcida metáfora para mostrar como a teologia tem se tornado escorregadia, superficial e decididamente não saudável. Essa invasão da igreja e da teologia pelo estímulo do capitalismo para o consumo é iluminada sobre a rubrica dos conceitos de eficiência, calculabilidade, previsibilidade e controle.

A publicação do livro de Luiz Alexandre Solano Rossi é uma clara demonstração de que a teologia da libertação latino-americana continua a produzir uma sólida exegese bíblica, uma crítica social cortante e uma fascinante reflexão teológica que enriquecem a igreja mundial.

Norman K. Gottwald

INTRODUÇÃO

A sociedade contemporânea vive sob um intenso fluxo de ambição por "mais": mais renda, mais bens, mais sucesso, mais bens de consumo, e tudo isso sem limites. Um fenômeno pode ser chamado de consumismo ou ainda de sociedade de consumo. Uma sociedade de consumo é melhor descrita como aquela em que a posse e o uso de um crescente número e variedade de produtos e serviços são a principal aspiração e certamente o caminho mais almejado para se obter felicidade, *status* social e sucesso pessoal. Trata-se de um fenômeno cultural que de algum modo atinge e move um grande número de pessoas. A consequência do consumismo é que o desejo pelo crescimento se torna obsessivo e idólatra; a escala exagerada é usada para obter vantagens em detrimento das demais pessoas por meios cheios de ganância, exploração e injustiça. Desejos, que são infinitos, encontram sua fronteira bem demarcada em milhões de pessoas que vivem a partir de um consumo finito. E entre o infinito e o finito, uma série de patologias emergem.

Se olharmos a humanidade com atenção, veremos que ela está enfrentando uma de suas maiores crises, ou seja, o aumento da polarização entre ricos e pobres. Os dados econômicos que são publicados quase diariamente são apresentados como verdadeiros escândalos éticos que deveriam os leitores. Afinal, visto que não são todos que podem ter "mais", a maioria é condenada a ter e sobreviver com "menos". A oportunidade de comprar e assim ter acesso ao restrito círculo daqueles que possuem "mais" não está disponível para todos. Nesse sentido, a zona de exclusão é muito bem construída e delimitada. Comprar, nesse caso, seria o único caminho para a salvação. Mas devemos observar que o impacto dessa patologia não é restrito ao indivíduo, mas extensivo à sociedade inteira. Diante da situação enfrentada pela maioria, os relativamente ricos agradecem a Deus nos mais diversos altares pela vantagem "adquirida" de ser rico, como se isso fosse um reflexo da bênção de Deus para eles. Na verdade, são as estruturas econômicas que recompensam o rico e mantêm o pobre na miséria. E a miséria que desumaniza e agride a dignidade humana é uma manifestação de um sistema, e não de um mal pessoal.

Utilizo neste livro a experiência de Jó como uma referência para mostrar como a teologia (ou um tipo de teologia) pode ser relacionada facilmente a essa prática da recompensa. Uma teologia que é costumeiramente denominada de teologia da retribuição. Para a teologia da retribuição, Deus concede a riqueza para alguns e a pobreza para todos os outros. A partir dessa premissa, os ricos são e continuarão ricos porque são justos, enquanto que os pobres são pobres e possivelmente continuarão assim porque não confiam na justiça de Deus, ou ainda pior, porque são pecadores. Jó, através de seus discursos, que também poderíamos considerar como contra-discursos, procura dar uma resposta às questões fundamentais presentes no texto bíblico considerando esse tipo de teologia. A experiência de Jó proclama desde o seu início que não há relação alguma entre pecado e sofrimento e entre virtude e recompensa.

No ambiente eclesiástico de cores pós-modernas atual, uma das possíveis expressões da teologia da retribuição é a denominada "teologia da prosperidade". Uma teologia que declara de forma absoluta que o plano de Deus para a vida do ser humano é fazê-lo feliz, abençoado, saudável, próspero, ou melhor, uma pessoa de sucesso. A complexidade dessa teologia reside no fato de afirmar que a razão de uma pessoa não possuir sucesso financeiro, viver tomado de doenças e infeliz, é que falta a ela fé; ou não cumpre o que a Bíblia diz para receber as promessas divinas.

Trata-se de uma lógica difícil de ser quebrada porque frequentemente pensamos a partir da lógica dos vencedores. A partir dessa lógica, o cotidiano de cada cristão deveria ser integralmente marcado por palavras tais como: riqueza, saúde, poder, sucesso – palavras que descreveriam a vitória sobre todas as forças do mal. Todas essas palavras ganham um forte e colorido brilho teológico ao indicar que muitas vezes testemunhamos uma teologia sendo construída a partir dos vitoriosos, daqueles que impõem sua lógica de poder em uma sociedade de consumo. É possível afirmar que a teologia da prosperidade mostra que a teologia não é imune ao vírus do consumo na medida em que nos estimula constantemente a procurar por sinais da presença de Deus em nossa receita financeira, em nossos grandes templos, em nossos relacionamentos com pessoas de prestígio, em nossas estatísticas e em nossa aparência externa de riqueza.

Essa teologia produz exclusão e ajuda a construir a visão de um mundo dividido entre vencedores e perdedores. Enquanto os "vencedores" são capazes de acessar o Mercado Mundial e usufruir de seus benefícios podem juntar-se a essa crescente e interligada elite global, os "perdedores" lutam com dificuldade às margens da sociedade — escravizados pela injustiça econômica mundial, sofrem e morrem antes do tempo.

Diante desse cenário, apresento neste livro um contra-discurso ao discurso da teologia da prosperidade. Como a teologia poderia afirmar a soberania da vitória numa sociedade de pessoas derrotadas? Como podemos dizer que Jesus Cristo é o Senhor sobre toda a vida e, ao mesmo tempo, criar uma teologia que nega a promessa de vida plena para todas as pessoas? A teologia não deveria estimular uma religiosidade de vitoriosos porque ela seria, desde o início, uma religiosidade excludente. Uma teologia que proclama a prosperidade e a vitória como sinais da presença de Deus em uma sociedade marcada acentuadamente pela pobreza e sofrimento não possui nenhuma relevância como discurso teológico para as igrejas, assim como nenhuma relevância na sociedade.

A teologia saudável que vem da maioria dos textos bíblicos, entretanto, é apresentada como um testemunho evangélico e, portanto, um testemunho da vida, para a vida e a favor da vida. Não podemos separar a teologia da vida, sob o profundo risco de condená-la a ser uma antiteologia. Sem essa percepção, um discurso teológico não seria nada mais do que uma experiência visionária; e, sem essa sensibilidade, um teólogo não seria outra coisa senão um charlatão visionário e, consequentemente, sua teologia expressão da mais pura ilusão.

Devemos pensar a teologia como uma voz para os sem voz. Não podemos negar ao pobre seu direito a um discurso teológico que o defenda e que o inclua na construção de uma nova sociedade. É urgentemente necessário olhar para a história da humanidade como um ponto de partida para uma reflexão teológica que proteja o direito dos pobres de sobreviver em uma sociedade que os exclui, criando periferias.

Uma das tarefas mais urgentes da teologia e, consequentemente, do teólogo, é a de desmascarar a relação incestuosa entre o capital e o lucro. A justiça econômica global é essencial para a integridade da fé e para a construção de teologias saudáveis em uma sociedade marcada pelo sofrimento dos pobres. Nenhum sistema econômico que produz injustiça e desonestidade pode ser abençoado ou legitimado em nome de Deus. Riqueza e sucesso não são uma expressão da bênção divina como muitos supostamente alegam. Ao contrário, elas podem ser entendidas como uma marca essencial de um "predador social" (termo extraído de Herzog, 2000).

As palavras de Jesus em Mateus 6,24, "Você não pode servir a Deus e a Mamon", talvez sejam mais importantes em nossos dias do que no tempo em que foram proferidas. Isso porque nosso sistema econômico global está focalizado primariamente sobre o dinheiro e a ideologia que está por trás dele dá prioridade à acumulação de riqueza. Chamo a atenção para o fato de que um dos documentos da Aliança Mundial de Igrejas Reformadas (Gana, 2004), cujo título é "*Covenanting for Justice in the Economy and the Earth*", registra um claro desafio para que as igrejas pensem a respeito da opressão do sistema econômico global.

Dizer não a uma igreja "mamonita" é dever de uma teologia bíblica saudável. Afinal, uma igreja que surge a partir de uma teologia saudável se apresenta como uma igreja não conformista e uma comunidade profética. Faz sentido dizer que Deus chama seu povo para ser sinal de paz, vanguarda na comunidade de Deus, uma comunidade de mudanças culturais. Ao povo de Deus é dada a responsabilidade de transmitir e sustentar essa visão e aumentar sua compreensão.

A teologia que está em meu coração e que tento descrever nas páginas deste livro é uma teologia que luta e ensina outros a lutar e defender a vida das vítimas, por seu direito a uma vida plena. É uma teologia que produz um sentido que deveria ser encontrado e vivido mesmo quando não há nenhuma garantia de vitória. Provavelmente necessitamos parar de justificar nossos privilégios e começar a descobrir, desmascarar e denunciar os mecanismos de opressão que tornam e mantêm o povo pobre. Necessitamos, também, examinar nossas teologias e perguntar se o Cristo anunciado é apresentado como o libertador dos oprimidos ou como o campeão de um *status quo* injusto, ou ainda se nosso Evangelho significa boas novas para os pobres ou tão somente uma racionalização para os ricos que fomentam a nova ordem mundial. Finalmente, devemos procurar mostrar que a teologia deve ter uma função profética e servir como uma crítica da ideologia do consumo.

O livro está estruturado em quatro capítulos. O primeiro capítulo é uma tentativa de reconstruir, tanto quanto possível, o contexto histórico dos textos bíblicos que descrevem a experiência de Jó, isto é, o contexto do Império Persa. Trata-se de uma situação impressionante na qual um caso individual se torna um caso típico e reflete a desigualdade de uma comunidade que se debate em condições históricas que parecem duvidar da justiça de Deus. Assim, é importante e necessário tentar reconstruir, o máximo possível, o ambiente socioeconômico em que o livro de Jó foi escrito, como também o ambiente teológico dos vários discursos presentes no livro.

Nesse sentido, Jó se dirige a Deus e descreve a condição humana por meio de seu exemplo. Por causa disso, não deveríamos ver Jó como um indivíduo ou uma pessoa isolada; não deveríamos olhá-lo como uma exceção. Ao contrário, ele é o porta-voz de uma história e de uma sociedade que estão repletas de contradições. Seu clamor não é um grito de uma só pessoa, mas o primeiro clamor de uma série – incluindo nossos próprios clamores – que, ao longo da história, têm se juntado como um modo de expressar que a dor, mesmo que intensa, pode ser vencida com a solidariedade. O clamor sofrido e dolorido de Jó é uma clara advertência para que voltemos nossos olhos para a experiência dele se quisermos verdadeiramente encontrar tanto Deus quanto um discurso teológico que seja relevante para os nossos dias.

No segundo capítulo, procurei conversar com dois tipos completamente diferentes de teologia, ainda que em muitos momentos possamos pensar que elas sejam iguais. Reúno os discursos dos quatro amigos de Jó no que chamo de "discurso teológico oficial", ou seja, um tipo de discurso teológico que torna impossível qualquer tipo de reflexão autônoma e que tenta manter a ordem social existente. De um modo completamente diferente, os discursos teológicos de Jó são criados ou elaborados a partir da periferia daqueles que sofrem economicamente e teologicamente. Percebam que anoto duas teologias completamente diferentes no interior do mesmo texto bíblico. Qual seria a teologia e qual a antiteologia? Qual seria o critério fundamental para separar a teologia-trigo da teologia-joio? Temos aqui uma questão de vital importância a ser discutida. Afinal, tanto os discursos de Jó quanto os discursos de seus amigos se encontram nas Sagradas Escrituras. Minha hipótese é a de que sempre é necessário investigar não somente quais os grupos que estão por trás dos discursos, mas, também, quais são seus objetivos manifestos.

A história revelada a partir da experiência de Jó é presumivelmente endereçada às pessoas proprietárias de terras e de rebanhos, mas que haviam perdido suas posses tanto por razões internas quanto externas. É importante observar que as razões internas e externas são instrumentos eficazes de desumanização. Podemos até mesmo afirmar que elas foram os instrumentos mais penetrantes na pele do povo. É diante desse cenário alienante que nasce a teologia oficial. Ela nasce do desejo de ensinar os camponeses, por meio do discurso religioso, a ter paciência – a paciência de Jó – a aceitar tudo e, principalmente, permanecer calados. O emudecimento das pessoas, nesse tipo de teologia, se afasta completamente de uma consciência crítica. Assim, o cenário que vemos é profundamente acinzentado. Uma crise agrária foi instalada e a própria agricultura começou a se voltar para o mercado internacional e não mais para a subsistência dos camponeses, ou seja, os camponeses deixam de plantar para a própria subsistência e passam a plantar para o comércio. Camponeses que viviam diante de uma dupla tributação: um tributo cobrado pelo Império Persa e um segundo tributo cobrado pelo Templo de Jerusalém.

O terceiro capítulo nos coloca diante do discurso da teologia da prosperidade. Afirmo que a teologia da prosperidade é fruto próprio de uma sociedade de consumo. Nela, o consumo é uma evidência indubitável da presença de Deus na vida do fiel. Nesse sentido, tento demonstrar a partir do conceito de Mcdonaldização, que a teologia sofre um processo de reformulação a partir de quatro dimensões: *eficiência*, *calculabilidade*, *previsibilidade* e *controle*. A partir desse processo de reformulação, ela deixa de ser uma teologia inclusiva que defende a vida para se tornar um simulacro de teologia, que ajuda a construir muros que inevitavelmente removem o pobre de um mundo justo, construindo, assim, as periferias globais e globalizadas. Como resultado, o ser humano moderno se torna fruto de divisões e um alvo controlado daqueles que exercem o poder, desenvolvendo uma personalidade individualista e materialista, sem a mínima consciência da realidade que o circunda. Quando a teologia da prosperidade estimula o fiel a consumir, ela está reforçando nele o caráter de consumista, em vez de transformá-lo em uma pessoa mais consciente e solidária. Consequentemente, as práticas comunitárias são substituídas pelo bem-estar individual.

No quarto e último capítulo, procurei refletir sobre o lugar social de Deus e mostrar como os conceitos de vitória e sucesso são inúteis para elaborar qualquer espécie de teologia. Quando a teologia da prosperidade coloca a si mesma sob o mesmo guarda-chuva em que o capital e o lucro são protegidos, ela se transforma numa teologia do desejo, que estimula o consumo como o principal critério para definir o que é o ser humano. Nesse sentido, a teologia deixa de ser compreendida como um instrumento que leva o indivíduo a atingir a sua realização. Ao contrário, ela é transformada num instrumento por meio do qual o indivíduo entra no mercado de consumo, sente-se realizado e finalmente adquire seu certificado de ser humano. A teologia passa a ser vista como o combustível que alimenta o fogo ilimitado do desejo. Neste tipo de teologia, a voz de Deus é a voz do consumo.

CAPÍTULO 1

O Império contra-ataca: Jó e a origem do sofrimento do pobre

Jó é um representante legítimo de todos os seres humanos e, nesse sentido, prefiro enxergá-lo como uma personificação literária. As condições históricas em que ele vivia, e que pareciam colocar em xeque a Justiça de Deus, fazem com que aquela situação transforme a experiência individual dele num caso típico. Desse modo, na medida do possível, é importante e necessário reconstruir o ambiente no qual os vários discursos do livro de Jó foram escritos, observando não somente o aspecto socioeconômico desse ambiente, mas também o aspecto teológico, no qual Jó descreve a condição do ser humano que sofre.

Por isso, não devemos ver Jó como uma exceção, mas um porta-voz entre tantas outras vítimas de uma sociedade esmagadoramente desigual. Seus gritos não são os únicos, nem os primeiros. Eles se juntam aos gritos de tantos que têm sofrido ao longo da história. A dor de Jó, assim como a nossa, pode ser curada com a solidariedade. Seu grito e o verdadeiro significado de sua experiência devem nos servir de alerta se queremos verdadeiramente um encontro com Deus, e se de fato estamos em busca de uma teologia que seja relevante para mudar o cenário de injustiça e desigualdade social que ainda permanece em nossos dias.

O autor do livro de Jó criou, deliberadamente, um personagem que não é israelita, que não vive em Israel, que raramente se refere a Deus como *Iahweh* e que não faz alusões à história da aliança de Israel com Deus. Ele representa todos os seres humanos; seu sofrimento inocente é um desafio às ideias retributivas da justiça de Deus, especialmente favorecidas nas meditações exílicas e pós-exílicas sobre a catástrofe de 586 a.C. É possível estimar a data deste livro entre os anos 450 e 350 a.C. do período pós-exílico, durante a dominação do Império Persa.

Os persas eram um povo indo-europeu que tinham se estabelecido em Parsa por volta do século VI a.C., nas terras montanhosas a oeste do Golfo Pérsico, ao norte da costa. Naquela época, os persas eram vassalos dos Medos, outro grupo indo-europeu que ocupava a planície iraniana do norte das Montanhas de Zagros e estabeleceram sua capital em Ecbátana. Em 550 a.C., Ciro (que começou sua carreira em 560-559 a.C.) se rebelou contra seu soberano, o idoso rei guerreiro medo Astíage. A revolta bem-sucedida de Ciro ganhou para ele os territórios dos medos e deu-lhe uma substancial reserva de soldados para seu exército. O próximo alvo de Ciro foi o reino da Lídia de Croesus, um aliado da Babilônia. No inverno do ano 546 a.C. Ciro destruiu completamente a soberania de Lídia após um ataque surpresa em Sardes.

Com uma combinação de combate árduo, calma calculada e propaganda, Ciro conquistou e incorporou ao seu reino as cidades gregas da costa jônica na Ásia Menor. A atenção de Ciro se voltou brevemente para o Oriente à sua frente, mas logo destinou sua força militar para o principal poder ainda não conquistado em seu caminho: a Babilônia e seu rei. Como vizinhos dos Medos e aliados formais de Croesus, os babilônicos (e sua população judaíta) certamente tinham conhecimento do implacável acúmulo de território de Ciro. A conquista da Babilônia pelos persas em 539 a.C. não foi uma vitória tão rápida e fácil como sugerem algumas fontes, mas a capital Babilônia foi tomada sem grandes problemas. O sucesso de Ciro é creditado ao seu discernimento militar, ostensivo suborno e uma campanha publicitária enérgica realizada em toda a Babilônia, que o retratava como um soberano calmo e religiosamente tolerante.

Com o reinado de Dario (522-485 a.C.), uma nova etapa se inicia para a história persa e judaíta. Com o objetivo de controlar a ordem política e social dos territórios conquistados e depois integrá-los ao seu sistema imperial, Dario embarcou numa série de reformas administrativas.

O Império Persa foi dividido em regiões denominadas satrapias, administradas pelos sátrapas. Essa unidade político-administrativa básica em torno da qual o Império funcionava teve sua origem com o rei medo Quiaxares. Contudo, esse modelo foi aperfeiçoado por Dario I (Tunnermann, 2001, p. 20), dando ao seu vasto império sua organização definitiva. De acordo com Cazelles (1986, p. 218), podia-se contar 31 satrapias no fim do reinado de Dario, mas Heródoto, por volta do ano 450 a. C., conhecia somente 20, cada uma delas com um sátrapa, geralmente um nobre persa ou medo, nomeado pela coroa. Ainda segundo Cazelles (1986), na inscrição de Dario de Behistun encontravam-se enumeradas 23 províncias que se tornariam satrapias. Ele acrescenta que se contavam 24 sobre a estrutura trilíngue encontrada em Susa, que teria sido feita no Egito por volta de 495 a. C.

Embora fossem governantes quase autônomos, dos quais dependiam os governadores locais, os sátrapas eram fiscalizados severamente por comandantes militares. Perante o rei, eram diretamente responsáveis por uma complexa burocracia e por um sistema de inspetores itinerantes que, igualmente, prestavam contas ao soberano (Bright, 2004, p. 447). Esses comandantes militares recebiam o título de "olho do rei" e supervisionavam desde o pagamento de tributos até o modo como as rebeliões eram suprimidas. Dentro de suas bem definidas regiões, eles tinham mais poder do que os sátrapas. Ainda que o monarca não estivesse presente, o povo sabia que ele seria informado de suas ações. E, ao fazer isso, também fixavam o valor do tributo que cada região dominada deveria pagar.

Judá estava na categoria da satrapia "Além do rio", ou seja, Trans-Eufrates, a qual incluía o conjunto da Síria e da Palestina. Para Gottwald (1988, p. 402), não está claro se desde o início Judá tinha o status de província separada ou ficava sujeita à autoridade da província da Samaria; ao menos até o tempo de Neemias. A reorganização levada a efeito por Dario I colocou todas as satrapias em pé de igualdade jurídica. Isso significava que todas deviam pagar tributos. Judá era apenas uma pequena província ou subprovíncia de um império gigantesco que abrangia virtualmente todo o mundo, dentro do alcance visual do homem do Antigo Testamento.

A análise de Tunnermann a respeito dessa época nos traz alguma luz a fim de entendermos o crescente nível de exploração existente. Ao analisar a taxa de crescimento de juros, ele observa que, durante o reinado de Nabucodonosor, as taxas de juros eram da ordem de 10% ao ano, e subiram para mais de 20% ao ano durante o reinado de Ciro e Cambises. No século V, as taxas alcançavam índices de 40% a 50% ao ano – na Judeia os juros eram da ordem de 60% ao ano (Tunnermann, 2001, p. 55). Ele acrescenta ainda que o aumento do comércio de escravos no Mediterrâneo nesse período foi consequência direta do processo de endividamento causado pelo sistema tributário persa (Tunnermann, 2001, p. 27).

Um exemplo da enorme carga tributária sobre os ombros dos camponeses nos é apresentada pelo historiador greco-romano Heródoto. Seu relato nos indica que a Judeia devia pagar anualmente 350 talentos de prata (*apud* Kippenberg, 1988, p. 48) como tributo ao imperador. Por meio de uma tabela de conversão, ficamos sabendo que um talento valia o equivalente a 6.000 denários, e 1 denário era o equivalente ao pagamento de um dia de trabalho. Sendo assim, 1 talento correspondia a 6.000 dias de trabalho. Consequentemente, pagar um tributo de 350 talentos significava entregar anualmente ao Império Persa o produto equivalente a 2.100.000 dias de trabalho.

O tributo era o mecanismo por meio do qual o império extraía uma parte da vida do povo. Juntamente com o tributo, quase a totalidade das satrapias tinha que fornecer ao Império taxas fixas de cereais, cavalos, mulas, ovelhas, armas, eunucos, moças, meninos e alimentação para tropas aquarteladas na satrapia (Dandamaev, 1989, p. 180). Além dos impostos diretos, havia ainda vários direitos alfandegários e outras taxas, como taxas portuárias e comerciais, para navegar pelos canais e para usar os portos. O Império ainda tinha poderes para recrutar pessoas para trabalhos na agricultura ou nas construções. E, segundo Neemias 5,14-18 indica, os povos subjugados deviam ainda manter a chancelaria da satrapia e da província.

Segundo Hayes e Miller (1990, p. 522), a província (*medinah*) era pequena. *Medinah* é um termo encontrado no aramaico imperial e era usado nas chancelarias persas para designar uma província pequena ou grande. Ela dificilmente poderia ter uma área maior que 2.500 ou 3.000 quilômetros quadrados. A província era dividida em nove distritos (pelek), sob o comando de um oficial denominado "sar" (Neemias 3,14). O distrito, por sua vez, era subdividido em meio distrito comandado por um oficial administrativo, também denominado sar (Neemias 3,9). Esse novo sistema administrativo trazia consequências irremediavelmente amargas para os nativos, pois eliminava a importância dos velhos clãs e das famílias como unidades locais. Não é possível determinar o tamanho da população, mas a maioria ainda trabalhava na agricultura, mesmo quando morava nas cidades.

A província de Yehud, na época da dominação persa, encontrava-se quase totalmente na região montanhosa da Judeia. Somente no nordeste é que ela se estendia um pouco pela planície do Jordão. Ali, era possível o cultivo do campo mediante a irrigação, enquanto na região montanhosa predominava o cultivo da terra por águas da chuva. Esse tipo de cultivo da terra traz geralmente rendas menores, uma vez que não é possível uma irrigação regular (Kippenberg, 1988, p. 42). Esdras (6,23) menciona o governador de Judá chamando-o de *tirsãtã*, um título persa que provavelmente significa "excelência". Esse título, no referido texto, é dado tanto a Sasabasar quanto a Zorobabel. O termo *pehâ* também é um termo do aramaico imperial, designando um governador, seja de uma grande satrapia ou ainda de uma pequena província (Hayes; Miller, 1990, p. 510). O outro título para governador, *pehã*, é dado a Zorobabel. Mais tarde esse título é usado por Neemias (12,26). Ele também é usado para falar dos primeiros governadores (*pahôt*) que tinham atuado antes dele (Neemias 5,15). O título persa *tirsãtã* é também utilizado por Neemias (7,65). De acordo com essas informações, haviam governadores persas de Judá desde o tempo de Sasabasar e de Zorobabel até o de Neemias.

Quando os interesses do governo da Pérsia não estavam diretamente envolvidos, a província era um corpo autogovernável. Era tarefa do governador recolher os tributos que seriam enviados ao tesouro real. Outra atividade atribuída ao governador era a de representar o povo na assembleia. Ela era composta exclusivamente de judaítas, conhecidos como filhos do exílio (Esdras 10,7). Estrangeiros vivendo no país não pertenciam a este corpo conhecido como *qahal* (Esdras 10,12). Nessa assembleia, encontramos vários termos para designar os líderes, tais como: homens nobres (horim), anciãos (*zequenim*), chefes (*sarim*), magnatas (*addirim*) e os chefes das famílias (*ha'abot*).

A natureza da administração persa na Palestina, bem como o lugar que esse sistema ocupava em Samaria e Judá, ainda são obscuros. Pelo fato de a Pérsia ter conquistado o Império Babilônico num só ataque, tomando a capital Babilônia, acredita-se que nos primeiros anos do controle persa a estrutura das províncias e subprovíncias tenha permanecido no mesmo lugar. Por exemplo: o centro administrativo persa mais próximo de Jerusalém era Mizpah: "próximo deles, reparos foram feitos por homens de Gabaon e Mizpah – Meltias, de Gibeon e Jadon, de Meronot – lugares sob a jurisdição do governador da região ocidental do rio Eufrates" (Neemias 3,7), que anteriormente era a sede das autoridades babilônicas (2 Reis 25,9).

Entretanto, os registros históricos também indicam que os civilizados persas eram capazes de destruir santuários e deportar povos predecessores. Uma abordagem mais judiciosa da história do período reconhece tanto a política tirânica quanto a política de tolerância dos persas. Segundo Leith (2002, p. 285), textos datando dos reinados dos últimos reis persas confirmam um padrão persa de tolerância religiosa e de não interferência nas tradições culturais dos povos conquistados. Entretanto – e isto é essencialmente uma inovação persa –, os templos foram obrigados a pagar taxas em espécie ao Império: comida, gado, lã e trabalhadores que eram recrutados regularmente das comunidades de templo que lhes eram subordinadas. Elas deviam ainda fornecer rações de comida aos oficiais locais do Império. Certamente não foi o generoso respeito pelos povos, pelos grupos étnicos e pelas religiões estrangeiras que motivou a política persa. Ao contrário, sua política era guiada por óbvio interesse próprio. Ao reconciliar o poder central com os sujeitos locais, os persas fortaleceram seu império.

O período persa foi, certamente, um período marcado por um violento processo de dominação e exploração. Todos os povos subjugados tinham que pagar tributo para que o poder persa central pudesse ser mantido. Isso significa que o poder mundial persa se engajou numa "saudável" exploração do povo subjugado. De acordo com Briant (2002, p. 393), o método usado por Dario para determinar as fronteiras dos distritos e seus respectivos tributos era muito interessante: "por razões administrativas, as nações vizinhas foram reunidas numa só unidade e os povos mais remotos eram considerados como pertencentes a esta ou àquela nação, conforme a conveniência". Quanto ao tributo, os povos de uma província eram agrupados e contribuíam juntos. Um distrito era principalmente uma combinação de povos vizinhos. O princípio de Dario quanto ao tributo era simples: cada comunidade no Império tinha que destinar parte de sua produção ao rei dos reis. Isso incluía também povos menos conhecidos, como os habitantes das ilhas do Golfo Pérsico, lugar para onde o rei costumava enviar aqueles que haviam sido retirados de suas casas durante a guerra.

Para Gersternberger (1996, p. 8), a dependência econômica e política dos judaítas, entretanto, não evitava o crescimento de tensões sociais ou o avanço da urbanização e estratificação entre o povo. O que acontecia era bem o contrário: enquanto apenas alguns poucos membros da comunidade cúltica judaíta conseguiam acumular fortuna e obter posições influentes, colaborando com os persas, a grande massa da população tinha que se contentar com uma existência pouco instável. Para Briant (2002, p. 810), a elite local tinha ligações fortes com a elite imperial (ou com parte dela). Essa talvez seja uma das razões para a dinastia local e, no geral, os regimes de clientela usufruírem tão longa vida: a autoridade persa ficou, até certo ponto, escondida atrás da tela da pequena nobreza local, que foi incumbida da arrecadação local de tributo e impostos, com a consequência de que qualquer eventual descontentamento por parte dos camponeses se voltava para essa nobreza (como visto em Judá de Neemias). Com esse pano de fundo social, é compreensível que as classes mais pobres entre esses habitantes, principalmente, tenham se voltado para a vida religiosa com crescente fervor.

Na construção da intervenção de Javé em nome do pobre e oprimido, os textos pós-exílicos do Antigo Testamento deixam de revelar aspectos da estrutura das comunidades judaicas durante esse período. Essas comunidades eram em grande parte economicamente fracas, isto é, famílias que tinham ido à falência, como resultado de pesada carga tributária, ou que corriam o risco de perder sua independência econômica. No início e durante grande parte do período persa, Judá foi o mais pobre, o menos populoso e o mais isolado dos territórios ao redor. Assim, Jó não se apresenta tão somente como um indivíduo, mas como um dos muitos camponeses que perderam seus rebanhos, suas terras e até mesmo seus filhos e filhas.

Como já foi possível observar, o processo de empobrecimento e de exploração acontecia de forma dupla. A primeira forma de exploração era externa: o Império Persa dominava a Judeia neste período. A segunda forma de exploração era interna: os ricos comerciantes ligados às famílias dos chefes dos sacerdotes que controlavam o templo e o país. Carter (2003, p. 408) confirma essa situação: "a Síria-Palestina era marcada por uma economia baseada na vila. Suprimentos agrícolas eram extraídos do campo para sustentar tanto a elite urbana quanto a infra-estrutura persa mais ampla". O povo, de fato, se encontrava numa situação incômoda. Para onde fugir? Em quem buscar refúgio?

Provavelmente, Ciro nunca tenha enviado um persa como sátrapa para governar outro povo. Ele sempre se satisfez com seus príncipes nativos. Entretanto, como Xenofon nos recorda, Ciro (*apud* Briant, 2002, p. 64) "exigia que eles lhe pagassem tributo e sempre que precisava de tropas, exigia-as deles".

Dentro da política de dominação persa, o exército se apresentava como um elemento de extrema importância. Até o início das guerras greco-persas não havia nenhum exército que pudesse oferecer resistência a ele. O exército era dividido em "toparquias militares" e distribuído em guarnições. As toparquias abrangiam várias satrapias e eram comandadas por militares, aos quais os comandantes militares de várias satrapias estavam subordinados. A maior parte do seu contingente era composta por guerreiros persas, cujo número total pode chegar perto de 1 milhão. A espinha dorsal do exército eram os 10 mil guerreiros imortais – recebiam esse nome porque sempre que morria alguém, outro soldado era logo colocado em seu lugar. O primeiro regimento (os primeiros mil soldados eram representantes da nobreza persa) constituía a guarda pessoal do rei. Os nove regimentos de imortais restantes eram compostos de representantes das tribos iranianas e elamitas. Nas principais campanhas militares, todos os povos do Império eram obrigados a fornecer determinado número de soldados (Tunnermann, 2001, p. 23).

Metzger (1981, p. 132) concorda com a visão da "maior tolerância" da política persa e, com isso, ameniza uma análise mais profunda da sociedade persa em sua relação com os povos dominados. Até onde se pode perceber, em seu texto não há expressão alguma que indique uma relação contrária entre o povo subjugado e o Império. Nesse sentido, a posição de Tunnermann parece encontrar uma solução razoável para essa questão. Após salientar que a Pérsia foi o primeiro império mundial na história a proclamar um tratamento tolerante e benevolente para com os as tribos e povos conquistados, acrescenta que "não se pode confundir tolerância com frouxidão. Os persas tinham uma organização administrativa muito rígida" (Tunnermann, 2001, p. 13-14). Combinando um sistema melhorado de comunicações, de espionagem, de aparelhamento policial rígidos, de serviço militar, de construções e manutenção das estradas imperiais, do serviço dos correios, da cunhagem de moedas e de uma língua oficial única, o Império Persa atingiu considerável uniformidade (Tunnermann, 2001, p. 14), constituindo-se em um vasto império político.

No entanto, observa-se que, se os impérios que dominavam a região anteriormente aceitavam uma parte dos produtos da agricultura e dos rebanhos como forma de pagamento, os persas estabeleceram o valor do tributo em ouro e passaram a aceitar o pagamento do tributo em moedas. Novamente Carter (2003, p. 408) esclarece:

> O período persa também viu a emergência da cunhagem da moeda e sua larga utilização dentro da economia. Vários lotes de moedas foram descobertos em todas as partes da Síria-Palestina, indicando um movimento gradual em direção a uma economia monetarizada e de série de casas de moeda locais.

Para uma região eminentemente agrícola, é possível imaginar o aumento da exploração que essa mudança proporcionava, ou seja, a Judeia tinha de arranjar o dinheiro para o pagamento do tributo a partir da venda de seus produtos. A necessidade de vender os produtos gerados no campo somente aumentava a capacidade de exploração a que eram submetidos os camponeses.

A propagação da moeda diferencia o tempo do domínio persa das épocas anteriores. As primeiras moedas citadas no Antigo Testamento foram os dracmas persas de ouro (Esdras 2,69; Neemias 7,7-72), cunhados pelo imperador da Pérsia depois de 517 a.C. O dracma de ouro pesava cerca de 8,4 g, e o siclo de prata persa, 5,6 g. Essas moedas eram trocadas na proporção de 1 por 20, correspondendo à correlação de 1 por 13 entre ouro e prata (Kippenberg, 1988, p. 47). O dinheiro do rei tinha um valor maior em relação às inúmeras moedas locais, que eram cunhadas em prata. De acordo com Tunnermann (2001, p. 25-26), "havia três tipos de prata e a câmara de tesouro do rei sabia disso muito bem, pois somente avaliava o valor das moedas depois de pesá-las. O imposto, entretanto, baseava-se na prata pura".

A moeda de prata cunhada na Judeia, que pesava 2,08 g, era particularmente adequada para o pagamento dos mercenários. Para Heródoto, Dario teria sido o primeiro a fixar a contribuição que os povos teriam que pagar ao Estado. A razão para a cunhagem de moedas está ligada ao interesse do Estado em regularizar os tributos. Heródoto complementa dizendo que "Dario agia em tudo como um pequeno comerciante" (Kippenberg, 1988, p. 48).

Os moradores da Judeia não tinham nenhuma mina de prata de cuja exploração pudessem tirar o dinheiro de prata exigido. Assim, eles tinham que arranjar o tributo exigido a partir da venda de produtos agrícolas excedentes. Para tanto, fixou-se um imposto base, em prata, que cada proprietário tinha que entregar (Neemias 5,4). Kippenberg (1988, p. 50) conclui dizendo que, como na Judeia não havia mina de prata, nem uma produção considerável de manufaturados – comparável, por exemplo, à cerâmica da olaria ática –, o peso da administração dos valores recolhidos pelo Estado recaía totalmente sobre os agricultores. Isso significava que os camponeses tinham que diminuir o número de familiares que viviam da renda do campo e se especializar em produtos que davam mais lucro. O que se vendia então era cevada, derivados de oliveira e gado.

O tributo era um mecanismo por meio do qual o Império Persa sugava a vida do povo. Todos os povos que reconheciam a supremacia persa eram obrigados a pagar contribuições em espécie ou em metais preciosos para a autoridade central, sem mencionar os contingentes militares que tinham que fornecer em cumprimento a qualquer exigência real. Entretanto, essa relação entre o Império e o povo era intermediada pelo Templo de Jerusalém. Era o templo o responsável por arrecadar os produtos agropecuários dos camponeses.

Nesse período, o templo começa a se tornar o centro econômico, político e religioso do país. Os sumos sacerdotes, que controlavam o templo, com o tempo se tornam mais poderosos. Na verdade, eram eles que executavam a política do Império Persa na Yehud. Uma parte desses produtos era retida no próprio templo e outra parte era vendida para pagar o tributo aos persas. Uma conclusão parece óbvia: essa necessidade premente de vender o produto do campo com o objetivo de obter moedas para o pagamento do tributo levava, consequentemente, a agricultura a voltar-se para o mercado. Como mencionamos, deixa-se, portanto, de plantar para a subsistência e passa-se a plantar para o comércio. Desse modo, a bitributação aparece com toda sua força, violência e virulência: tributo cobrado pelo Império Persa e tributo cobrado pelo templo de Jerusalém. Uma longa citação de Leith (2002 p. 298-299) é essencial para explicar este ponto:

> Para o persa, o Templo em Jerusalém, assim como os templos em outros lugares, deviam contribuir com várias formas de tributo para o estado: receitas, mercadorias, e serviços. Os procuradores judeus dos persas que controlavam o templo eram responsáveis por levantar este tributo de uma população local que já lutava para pagar aos persas o dízimo e a coleta anual (Neemias 5). As importantes famílias sacerdotais também administravam os recursos materiais e fiscais que se acumulavam no Templo como parte do sistema de sacrifícios. Assim, quem controlava o templo de Jerusalém, também participava de modo significativo da atividade econômica local e usufruía de alta posição social e econômica. Assim como a elite social, a comunidade do Templo podia ditar os termos para uma pessoa de fora se candidatar a ser membro de seu grupo e assim, dividir seus privilégios.

A história revelada pela experiência de Jó é presumivelmente dirigida a pessoas que tinham terras e rebanhos, mas que haviam perdido suas posses. Como vimos, essa perda foi ocasionada tanto por fatores externos quanto internos. Deve-se perceber que tanto um fator quanto outro são instrumentos de desumanização. Talvez não seja possível dizer qual é o instrumento que mais feriu o povo. Contudo, é possível afirmar que foi diante desse quadro de alienação que nasceu a teologia oficial. Seu objetivo era catequizar os camponeses para que tivessem a paciência de Jó e aceitassem tudo, calados. Assim, o cenário que vislumbramos é um tanto nebuloso: instalou-se uma crise agrária e a própria agricultura teve que se voltar para o mercado internacional, em detrimento da sobrevivência dos camponeses. A descrição encontrada no livro de Neemias (5,1-5) revela um conflito social extremamente duro:

> O povo pobre, sobretudo as mulheres, começou a protestar fortemente contra seus irmãos judeus. Uns diziam: "Fomos obrigados a vender os nossos filhos e filhas para comprar trigo, e assim comer e não morrer de fome". Outros diziam: "Passamos tanta fome que precisamos hipotecar nossos campos,

> vinhas e casas para conseguir trigo". Outros ainda: "Tivemos que pedir dinheiro emprestado, penhorando nossos campos e vinhas, para podermos pagar os impostos ao rei". Pois bem! Nós somos iguais aos nossos irmãos, e nossos filhos são como os filhos deles! Apesar disso, somos obrigados a sujeitar nossos próprios filhos e filhas à escravidão. Algumas de nossas filhas já foram reduzidas à escravidão, e não podemos fazer nada, pois nossos campos e vinhas já pertencem a outros.

As pessoas comuns reclamavam de ter que vender seus filhos como escravos para poder comer. Alguns tinham que hipotecar seus campos e vinhas para pagar o tributo real. A fim de restaurar a paz, Neemias tomou medidas extremas e parou de coletar o imposto do "pão do rei". Entretanto, é necessário que observemos que seu ato teve primeiramente um valor simbólico, talvez para justificar a si mesmo. Ainda assim, seu ato considera o efeito conjunto do dízimo real e das taxas das satrapias. O problema principal estava no tipo de relação entre o rico que emprestava dinheiro a juros ao pobre, que consequentemente passava fome. Assim, é possível afirmar que o empobrecimento dos pequenos proprietários não foi apenas um resultado automático da imposição do tributo: o papel do tributo foi só o de revelar e acelerar o que já existia no contexto específico das relações de classe da sociedade judaica. As várias taxas convergiam de maneira que todos tinham que pagar pela manutenção do templo e seu pessoal: o imposto de um terço de "shekel" por cabeça (Neemias 10,33), assim como os "primeiros frutos e dízimos... o que era também devido aos cantores e porteiros do templo..." (Neemias 12,44-47). A carga era tão pesada que, durante a ausência de Neemias, os judeus tiveram que parar de trazer "o dízimo do vinho feito de milho e do óleo aos depósitos" (Neemias 13,12).

Consequentemente, podemos ler os 40 capítulos que formam o núcleo do livro de Jó como um eco do protesto das mulheres camponesas em Neemias (5,1-5) e observar que as palavras da esposa de Jó são apresentadas pelo texto como um contradiscurso. As pessoas eram obrigadas a pagar várias taxas ao próprio sátrapa. O sátrapa, que era a imagem do rei em cada província, passava o ano morando em diferentes residências, sem contar os intervalos em que passava em seu paraíso de férias.

Entretanto, é preciso verificar a extensão do trabalho de Neemias. Para fazer isso, uma longa citação de Briant (2002, p. 585) se torna necessária, porque ela chama a atenção justamente para a jurisdição de Neemias:

> A nação de Judá, ou seja, a província (*medinah*) que as moedas do século IV chamavam de Yehud e que, aparentemente, incluía a própria Jerusalém, era dividida em distritos (*pelek*). Provavelmente eles tinham origem tribal, mas talvez correspondessem a subdivisões fiscais. Assim como os governadores de outras províncias da região, Neemias agia sob a autoridade do governador na região além do rio Eufrates que, sem dúvida, fixava residência em Damasco. Ao que parece, esse governador administrava um estado ou província, que era como um paraíso entre as satrapias e os moradores desta província tinham que prestar trabalho escravo ao seu estado (Neemias 3,7).

Seguindo o modelo de um sátrapa "real", o governador de Judá recebia uma taxa especial – denominada de a mesa do sátrapa – que lhe permitia suprir não só sua mesa todos os dias, como também entreter seus convidados:

> Desde o dia em que o rei me nomeou governador do país de Judá, isto é, do vigésimo ao trigésimo segundo ano do rei Artaxerxes, por doze anos, eu e meus irmãos jamais comemos à custa do cargo. Os governadores anteriores exploravam o povo, exigindo diariamente quatrocentos gramas de prata para alimento e vinho. E até seus subordinados se aproveitavam do povo. Eu, por temor a Deus, não fiz nada disso. Além do mais, trabalhei pessoalmente na reconstrução da muralha, embora não fosse proprietário de terreno, e meus empregados passavam o dia na obra. À minha mesa comiam cento e cinqüenta, entre pessoas importantes e chefes, além de outras pessoas dos povos

> vizinhos que nos vinham visitar. Todo dia, na minha casa, eram preparados um boi, seis ovelhas gordas e muitas aves. De dez em dez dias se renovava com fartura o estoque de toda espécie de vinho. E, com isso tudo, eu nunca cobrei a manutenção de governador, pois o encargo de impostos já pesava muito sobre o povo (Neemias 5,14-19).

Não há dúvida de que a comunidade judaica estava sujeita a pagar tributo aos reis, assim como várias taxas, como, por exemplo, a mesa do sátrapa. No entanto, quem foram os últimos governadores citados por Neemias? Segundo Briant (2002, p. 488), uma lista dos governadores da província entre Zorobabel e Neemias foi reconstruída a partir de uma série de selos e bulas encontradas em Judá: "Elnatã (talvez sucessor de Zorobabel), Yezo-ezer (início do quinto século), Ahzai (início do quinto século) – todos eles judeus (assim como Zerubabel e Neemias)". Assim, com Neemias, a comunidade de Jerusalém continuou a usufruir de autonomia interna, como vinha acontecendo desde o tempo de Ciro. Entretanto, ao mesmo tempo, ela tinha que se mostrar submissa à autoridade aquemênida, especialmente na área da tributação.

Uma das principais tarefas de Neemias era a de recolher o tributo real (Neemias 5,3). Ele exerceu também uma função militar, desde que colocou Jerusalém em um estado de prontidão militar e entregou a fortaleza a um dos seus homens de confiança. Leith (2002, p. 286) observa que Judá era somente uma subprovíncia na quinta satrapia persa, que compreendia ainda a Babilônia (até 482), a Síria-Palestina (incluindo as cidades-estados costeiras da Fenícia) e Chipre. Ao contrário dos assírios, os babilônicos não haviam trazido povos deportados à Palestina. Apesar disso, a Palestina se tornou o lar de povos que tinham sido desalojados e cuja identidade nacional havia sido ameaçada durante os conflitos do século VI: filisteus, judaítas, samaritanos, moabitas, amonitas, edomitas, árabes e fenícios

Briant (2002, p. 586) assevera que, do ponto de vista persa, a missão de Neemias era estabelecer uma nova base para assegurar o tributo e garantir o pagamento regular, e mais: "suas reformas podem ser comparadas às realizadas por Artafernes no ano de 493 nas cidades da Jônia que tinham sido assoladas pela guerra e tensão social". Numa região onde o controle persa foi ameaçado por campanhas militares internacionais, Jerusalém se tornou uma cidade defensiva no interior e, possivelmente, um novo centro para coleta e armazenamento de receitas imperiais (entregues em espécie, não em moedas como no fim do século V). Quando Neemias suavizou a carga tributária, em vez de visar a algum tipo de reaproximação entre o camponês e a aristocracia, ele pode ter tentado minimizar o crescimento dessa carga tributária, causada pela necessidade de manter as novas guarnições. As críticas subentendidas que o último autor-editor de Esdras-Neemias faz às regulamentações dos persas (Esdras 9,8-9; Neemias 5,1-19) podem indicar a pressão do arrocho persa sobre Judá e a consequência econômica do trabalho de Esdras e Neemias. Neemias ajudava os camponeses judaítas suprimindo excessos de juros e isentando-os do pagamento de impostos pagos para sua manutenção particular. Porém, como membro da classe superior da diáspora oriental, ele também desejava excluí-los de sua definição de "Israel".

Além da exploração e empobrecimento relatados anteriormente, que aconteciam de forma dupla, é necessário lembrar que o ambiente social em que se encontrava o povo permitia a criação de uma linguagem teológica com o objetivo de justificar-lhes a dor e o sofrimento desumanos. A análise de Kessler (2009, p. 177) é essencial para a compreensão desse período: "todos os elementos de endividamento, empobrecimento e miserabilização, que já existiam no período tardio da monarquia, podem ser observados também no período persa; inclusive pode-se dizer que a tendência à miserabilização é maior".

Não podemos deixar de mencionar que não somente a situação político-econômica e social do povo se alterou substancialmente, mas também novos temas e práticas teológicas foram sendo inseridos como referencial pelo e para o povo que estava no exílio. É diante desse novo tempo que se fortalece, por exemplo, a crença de que a riqueza era um sinal irrefutável da bênção de Deus. Os mais puros seriam os mais ricos. Os impuros seriam os pobres e doentes. Anteriormente, o sinal da bênção de Deus era a posse da terra (Gênesis 12,1), mas agora o sinal da bênção e da presença de Deus passava a ser a riqueza.

Com a ascensão do império persa, a Palestina se encontrava em um estado de grave deterioração e menos povoada como resultado das destruições ocasionadas pelos babilônios e, antes deles, pelos assírios. Liverani descreve a situação da seguinte maneira:

> Os grupos de judeus que retornaram para a Palestina graças aos editos imperiais aquemênidas encontraram uma região que somente até certo ponto correspondia ao modelo que eles esperavam de uma terra vazia e disponível, pois abrigava grupos mais ou menos importantes de origem diversa. Tratava-se de comunidades camponesas que haviam permanecido em suas terras, ou seja, não foram deportados; tratava-se de deportados de outra procedência assentados na região desde a época assíria; tratava-se de povos limítrofes que haviam aproveitado o relativo vazio para se estender (as cidades costeiras) ou para se mudar (os edomitas); tratava-se, por fim, de grupos resultantes das mais diversas fusões (2005, p. 323).

Finkelstein e Silberman (2018, p. 354) atestam que Yehud era "uma província pequena, cobrindo principalmente as montanhas de Judá aproximadamente quinze milhas para o norte e para o sul de Jerusalém, com uma área não muito maior do que oitocentas milhas quadradas", ou seja, tratava-se de um território bem menor do que a área de Judá no final do século VII a.C. Liverani (2005, p. 324) registra que, nessa época, em Jerusalém foi ocupada novamente a "cidade de Davi", porém não a "Mishne de Ezequias". Grabbe (2004, p. 25) segue a mesma tendência ao afirmar que o reassentamento no início do período persa parece ter causado pouco impacto na arqueologia. A área assentada estava evidentemente confinada à antiga área da cidade de David e cobria não mais que cinco ou seis hectares, com o monte ocidental completamente livre. A província Yehud do período persa não era muito maior do que é hoje a cidade moderna de Jerusalém, seguindo em direção norte até Masfa (Tell en-Nasbeh). Portanto, uma área muito menor do que se supunha (Kaeffer, 2022, p. 135-147).

Também são importantes na determinação da extensão e estrutura da província de Yehud os selos e as impressões de selos. A importância dos selos reside em duas razões: seu padrão de distribuição nos diz algo sobre a extensão da província e suas inscrições dão informações sobre alguns dos governadores e outros funcionários administrativos provinciais. O padrão de distribuição dos selos e impressões sugere algumas das cidades que podem estar na província e que são, provavelmente, os centros administrativos mais significativos. Carter (2003) cataloga selos Yehud em seis locais: Ramat Rahel; Tell en-Nasbeh (Mizpah); Mosah; Jerusalém; Jericó e En-Gedi (*apud* Grabbe, 2004, p. 137). Pode-se argumentar que tanto Ramat Rahel quanto Tell en-Nasbeh funcionaram como importantes centros administrativos, talvez para a coleta de bens em espécie ou outros itens tributáveis.

No entanto, é necessário olhar os textos bíblicos com suspeição ideológica a fim de compreender que silenciamentos podem também acontecer a partir da maneira como se relata determinados eventos e como se nega a rememorá-los, banindo-os para o esquecimento como se jamais pudessem ter acontecido. Caso específico é o denominado "mito da terra vazia", narrativa produzida pelos exilados que retornaram, para se referirem à agora província persa. Embora não fosse a "terra vazia" descrita na Bíblia, a terra de Judá desempenhou um papel econômico e político bastante pequeno no sul do Levante durante o período neobabilônico após a conquista de Jerusalém em 597/86 a.C., pelo menos até o declínio do Império Neobabilônico em 539 a.C. e a ascensão do Império Persa. Apenas cerca de (ou melhor, no máximo) 30.000 pessoas permaneceram na província babilônica demográfica e economicamente em colapso após a matança, o exílio, a doença, a fome, o deslocamento e a migração. A perda de soberania promoveu o isolamento cultural do território e de seus habitantes. A capital Jerusalém perdeu não apenas a proteção babilônica, mas também a maior parte de seu interior; ambos eram, pelo menos, importantes em termos econômicos. Entretanto, a destruição do centro de Jerusalém não foi um colapso completo, nem da cidade nem de toda a região; e não houve uma lacuna geral de descontinuidade. Especialmente na parte norte, em Benjamim (por exemplo, Mizpá, Tell el-Fûl, Gibeão,

Betel), houve uma surpreendente continuidade com relação à cultura material (Stern 1982: 229).

A questão de fundo e geradora de conflito se refere especificamente a quem pertence a terra. "Esqueciam-se" que durante o período do exílio, a maioria da população permaneceu em Judá. Três cidades podem ser consideradas nesse exemplo, a saber, Masfa, Ramat Rahel e Belém. Masfa, a apenas 13 km de Jerusalém, tornou-se sede governamental a partir do governo de Godolias, devidamente nomeado pelo poder imperial babilônico. Textos como 2 Rs 25,22-25 e Jr 40,7-41,18 ratificam a importância administrativa de Masfa que, possivelmente, se estendeu até a época da província de Yehud. Masfa (Tell en-Nasbeh) passou a ser o lugar do governo e Ramat Rahel continuou como o lugar da coleta de tributos persa (Langgut, et al., 2013, p. 115- 129). Ramat Rahel se reveste de importância porque, junto com a cidade de Belém, não foi alvo de incursões bélicas pulverizadoras. Ao contrário, Ramat Rahel "tinha um papel central no interesse dos sátrapas, sendo uma espécie de capital persa na região" (Frizzo, 2022, p. 227) e, de acordo com Kaeffer, a cidade se tornou "um local de reuniões e festas da elite da província de Yehud" (2019, p. 405). Isso ratificaria as questões acima abordadas de que uma elite transplantada poderia estar por trás da redação de textos complexos. É a área que na Bíblia é conhecida como o "Vale dos Reis" e, ao que tudo indica, era uma espécie de propriedade privada da dinastia davídica (Gn 14,17; 2Sm 18,18). Um importante centro de coleta de tributos. Com a descoberta de Ramat Rahel, é hoje seguro afirmar que o centro da coleta de tributos não era o templo de Jerusalém, como sempre se supunha, mas Ramat Rahel. Isso obriga a mudar toda a linha de raciocínio que vinha sendo desenvolvida pela pesquisa moderna, a qual coloca muita importância ao chamado segundo templo de Jerusalém, como centro administrativo e da coleta de tributos para o governo persa (Bedford, 2023, p. 689- 736).

Grabbe (2004, p. 144), seguindo Carter e Lipschits, salienta que os mais recentes estudos de demografia indicam não mais de 30 mil habitantes para o período persa como um todo. Quase 90% dos locais eram habitados por menos de 300 pessoas. Esses dados demonstrariam que Yehud era formada principalmente por pessoas que viviam em aldeias agrícolas sem muros, sendo Jerusalém a única área urbana de tamanho significativo.

A população de Jerusalém no período persa II estava entre 1250 e 1500 habitantes, ou entre 6 e 7,3% da população de Yehud, segundo Carter (1999). Lipschits (apud Finkelstein, 2008, p. 503) segue na mesma linha, indicando que o número de habitantes poderia ter alcançado 1500 habitantes. Carter (2003) apresenta números diferentes. Para ele, Jerusalém, com cerca de 3 mil pessoas, tinha aproximadamente 10% dos habitantes da província que a habitavam (Carter, 2013, p. 199). E, ao se referir à possível população de uma pequena Jerusalém, Carter afirma que, nas sociedades agrárias, as comunidades urbanas representavam uma proporção relativamente pequena da população total, geralmente menos de 10%, mas eram responsáveis por uma grande variedade de funções sociais, políticas e religiosas. Nessas comunidades urbanas, a especialização artesanal é onipresente; elites com diferentes funções concentradas nessas comunidades, apoiadas em grande medida pela extração de excedentes de camponeses das aldeias vizinhas (1999, p. 287). Todavia, o próprio Finkelstein (2008, p. 518) representa outra tendência: "calculando a população de acordo com o coeficiente de densidade amplamente aceito de 20 pessoas por dunam — um número que pode ser muito alto para o que parece ter sido um monte escassamente povoado, chega-se a uma população estimada de 400-500 pessoas, ou seja, c. 100 homens adultos". As descobertas arqueológicas indicando que no período persa Jerusalém era uma pequena aldeia não fortificada reforçariam a tese de Finkelstein.

Com uma economia agrária, a grande maioria dos judeus estava comprometida em algum tipo de subsistência relacionada à agricultura (Becking, 2011, p. 77). Os padrões econômicos em Yehud, afirma Carter (1999, p. 255), quase certamente permaneceram constantes com aqueles conhecidos da Idade do Bronze e do Ferro, ou seja, uma economia agrária e pecuária mista baseada na chamada "Tríade Mediterrânea", isto é, grãos, vinho e azeite. As áreas ao redor de Jerusalém — imediatamente ao norte, sul e oeste — tradicionalmente são aquelas em que a produção de azeite é lucrativa.

Provavelmente não havia muita diferenciação social entre a classe camponesa em tempos de relativa normalidade. A maior parte da agricultura parece ter sido feita por famílias individuais em pequenas propriedades. É provável que seu estilo de vida e status tenham sido muito parecidos, fossem eles donos de suas próprias terras ou locatários. Porém, em situações de exceção, como apontado em Neemias 5, as mulheres pobres, ao reclamarem, invocam a tradicional solidariedade interna ao grupo. O apelo que as mulheres fazem é baseado na ideia de não diferenciação, realçado pelo uso das expressões "irmãos" (5,1) e "mesma carne" (5,5) (Becking, 2011, p. 80). Possíveis exemplos de pobreza são encontrados em Ageu 1,2-11; 2,15-19, que relata a fome, a miséria, a seca e a futilidade geral com a preocupação do povo com seus próprios assuntos e com o fracasso na reconstrução do templo, Neemias 5. E Kessler acrescenta outros textos que possivelmente tenham sido escritos no período persa, com o objetivo de dar mais nitidez às contradições sociais: "Is 58,6ss são listadas pessoas presas, escravizadas, pobres, despatriadas e nuas e Malaquias 3,5 fala de pessoas que defraudam o salário do diarista e oprimem a viúvas e o órfão" (2009, p. 177). É possível, sim, a partir do período persa escrever uma história social dos miseráveis, daquelas vozes que não são capturadas na história, vozes muitas vezes silenciadas, miseráveis que não deixaram evidências materiais, mas que ajudam a refletir a partir de uma sociologia das ausências.

Um pouco mais baixo na escala social estariam os trabalhadores e diaristas itinerantes, conhecidos por referências em algumas das coleções de leis que provavelmente datam do período persa (por exemplo, Dt 24,14-15). Como mostra Neemias 5,2-5, aqueles que possuíam terras poderiam ter que vendê-las para pagar dívidas e assim se tornarem locatários. Presume-se que a próxima etapa seria se tornar um trabalhador contratado, embora isso não seja especificamente mencionado aqui. A pior situação era vender a família ou a si mesmo para a escravidão, como registrado em Neemias 5,5. Estamos diante de comunidades que eram em grande parte economicamente fracas, isto é, famílias que tinham ido à falência, como resultado de pesada carga tributária, ou que corriam o risco de perder sua independência econômica. Rossi conclui que "no início e durante grande parte do período persa, Judá foi o mais pobre, o menos populoso e o mais isolado dos territórios ao redor" (2018, p. 20).

Os nobres não são descritos, mas aparecem em vários pontos do livro de Neemias de uma forma consistente com o documento de Elefantina (Ne 2,16; 4,8,13; 5,7; 6,17; 7,5; 13,17). Quem constituía a nobreza não é discutido, mas pode ser presumido. Eram sem dúvida aqueles que possuíam considerável riqueza e eram vistos como os líderes comunitários (Grabbe, 2004, p. 172). Kessler (apud Berquist, 2007, p. 142) descreve a elite colonial da Yehud como uma "elite transplantada geograficamente". Nesse cenário teríamos, portanto, uma elite que se deslocou para um território subpovoado e se estabeleceu como a força sociopolítica hegemônica dentro da região, controlando suas instituições sociais, políticas e econômicas. Porém, é necessário salientar que a hegemonia da "elite transplantada" é frequentemente alcançada e mantida através de apoio político e econômico externo, nesse caso, do governo persa. A argumentação de Niels Peter Lemche (1988, p. 23) segue e ratifica a mesma tendência: "Ao permitir que os grupos de elite da sociedade judaica retornassem à sua terra natal, que poucos ou nenhum deles havia visto, o rei [da Pérsia] criou um vínculo de lealdade pessoal entre seu regime e esse novo grupo judeu, com o qual ele poderia contar para ajudá-lo a governar seu vasto império". Com esse objetivo, os aquemênidas nomearam indivíduos leais ao império, da elite da comunidade do Segundo Templo, para servir como autoridades locais na província.

Os repatriados do exílio da Babilônia, conforme a concepção de Kessler (2013, p. 216), tornam-se parte da classe superior, e o antagonismo entre a classe superior e inferior equivaleria, ao menos parcialmente, ao existente entre os que retornam e os que haviam permanecido no país. A classe superior se aproveitava da miséria extrema em que vivia a maior parte da população. Na província de Yehud os que pertenciam à classe superior e os repatriados eram praticamente os mesmos. Frizzo segue a mesma tendência ao afirmar, referindo-se a Esdras e Neemias, que "é fácil verificar que essas duas emblemáticas lideranças atuaram em plena sintonia com o projeto expansionista proposto pela monarquia persa" (2022, p. 236). Penso que é possível aplicar aqui um esquema inerentemente especial em sua organização e que dá primazia ao centro em detrimento da periferia. Ele consiste em um limite bem preciso sobre o que pertence àquilo que está dentro quanto àquilo que está do lado de fora (Tebes, 2008). A base especial fornece uma estrutura cognitiva capaz de classificar a distância conceitual e de percepção, orientando do mais distante para o mais próximo e do menos importante para o importante. No esquema centro-periferia, o centro é a concentração do essencial, do aceitável, do apropriado e do sagrado, enquanto o insignificante, ofensivo e impuro é empurrado para a periferia (Liverani, 1990, p. 34). Pessoas que vivem na periferia não pertencem ao círculo interno e são, portanto, consideradas inferiores (sempre num processo que as levam à inferiorização). Viver na periferia gera um sentimento de insegurança porque o centro é associado com a harmonia e a periferia com o caos (Liverani, 1990, p. 41). O centro é a ordem dos símbolos, valores e crenças, que governam a sociedade. É também uma estrutura de atividades, de papéis e de pessoas, dentro de uma rede de instituições. Com isso em vista, utilizo o esquema de centro-periferia como um meio de iluminar a realidade conceitual. Enquanto as pessoas que vivem dentro dos limites do grupo aproveitam a vida em toda a sua riqueza, as pessoas que vivem no interior da periferia ou em suas fronteiras experimentam a realidade como um mundo invertido.

O período persa foi marcado pela potencialização da miséria e da exploração. Do ponto de vista geográfico e demográfico Yehud era uma província pequena e sua economia poderia ser considerada de subsistência rural. Trata-se de um período marcado por conflitos internos e externos, o que aumentava a miséria da grande maioria dos habitantes da província. No entanto, o caos social atingia de forma diferente o povo, dividindo a população entre aqueles que viviam na miséria e aqueles que integravam a elite urbana. Fome, pobreza e desespero formavam uma tríade abominável que perseguia homens, mulheres e crianças. Porém, quando falamos em povo, não podemos assumir a expressão em sua generalidade — uma que indicasse, por exemplo, a totalidade das pessoas que compunham Israel no período persa. A tríade do mal atingia, preferencialmente, aqueles que eram vulneráveis. Enquanto esses indivíduos lutavam interminavelmente contra as forças da morte, muitos outros faziam o banquete da fartura.

Mesmo que as palavras de Ciro pareçam carregadas de "piedade" – "Ciro, rei da Pérsia, decreta: Javé, o Deus do céu, entregou-me todos os reinos do mundo. Ele me encarregou de construir para ele um templo em Jerusalém, na terra de Judá" (Esd 1,1-14) –, diante delas devemos exercitar uma certa suspeita ideológica e teológica, a fim de afirmar que não há gratuidade nos gestos do imperador persa. Por trás de cada um dos gestos do imperador Ciro é possível identificar intenções e movimentações de ordem política e econômica contra os povos subjugados. A narrativa bíblica se torna ainda mais comprometedora porque o edito de Ciro não é citado apenas uma única vez na literatura pós-exílica, mas três vezes (Esd 6,3-5 e 2 Cr 36,22-23), replicando, sub-repticiamente, que a presumida benevolência da nova ordem imperial não passava de uma estratégia de diplomacia internacional, bem como de propaganda dos novos mandatários judaítas. De fato, longe de expressar um presumido projeto de soberania de Deus sobre a história, podemos ver nos textos bíblicos acima citados um declarado interesse do projeto de expansão da nova ordem imperial persa pelo controle das rotas comerciais, assim como a criação de uma "cabeça de ponte" que poderia impedir qualquer tipo de convulsão social expansionista nesse corredor sul-norte.

No centro do mundo, o império persa passava a impressão de poder imutável e, assim, teria causado um impacto significativo em suas muitas províncias. Apresentava-se como um império que perduraria; a lei deles era impossível de ser quebrada e a nova ordem mundial proposta era estável, isto é, era um "mundo sob controle" (Root 1992, p. 446). A teologia imperial apresentava Ciro como "rei da totalidade, o rei grande, forte, rei da Babilônia, da Suméria e da Acádia, rei das quatro partes do mundo" (Liverani, 2016, p. 756). Tratava-se, sem dúvida, da mesma lógica que se apresentava na construção de todos os impérios. Sob o comando do sátrapa persa, os interesses políticos do império trabalhavam em conjunto com os judaítas que retornavam. O império buscava expandir e manter a ordem, deixando a "elite retornada" sem escolha a não ser controlar uma "ancestral terra natal" para permanecer no poder. Assim, os "deportados retornados", inspirados pelo relato do glorioso retorno ao lar do Deutero-Isaías, diante de sua própria realidade social precária e a pedido de seus benfeitores persas, iniciaram a reconstrução do culto com a construção do Segundo Templo. O Segundo Templo, cuja construção foi apoiada pelas autoridades persas, tinha pelo menos dois significados: um externo e imperial e outro interno e cúltico. Dentro do sistema imperial, o templo funcionava como parte das ferramentas reguladoras que os persas usavam para coletar tributos. Dentro da província, o templo mediava o poder político, econômico e religioso (ideológico) da região. Ao fazer isso, o culto do Segundo Templo construiu os significados que se tornariam a "grande narrativa" sob a qual o povo interpretaria sua existência na província de Yehud. Também se faz necessário salientar a crescente importância do sacerdote do pré-exílio para o pós-exílio. De "sacerdote superior" (2Rs 25,18) ele se torna "sumo sacerdote" (Ag 1,1). Assim, assume traços não somente na esfera religiosa, mas também na esfera política.

Nessa narrativa, que viria a se consolidar como uma metanarrativa sagrada, os deportados que retornavam seriam os únicos e legítimos herdeiros da terra da província. Tratava-se de uma narrativa teológica/ideológica que evocava os israelitas nas histórias de Josué e que levou os membros da comunidade do Segundo Templo a reencenar a conquista de uma terra "vazia" prometida a eles (Ahlström, p. 283; Carroll 1992). A partir dessa "grande narrativa", a "elite dos retornados", ou seja, os oficiais, os escribas, a aristocracia do culto e aqueles que foram cooptados, procuraram preservar seu poder por meio da construção de uma comunidade civil e cúltica com uma estrutura social hierárquica claramente delineada. É suficiente trazer à memória que a lei da pureza e a teologia da retribuição são dois dos mais poderosos instrumentos teológicos utilizados para ratificar o projeto de reconstrução conduzido por Neemias.

A construção do culto, a partir do conceito de "pureza étnica", funcionava como uma forma de controlar o acesso ao poder na província, um poder provavelmente mediado pelas estruturas de parentesco dos registros oficiais como os encontrados em Esdras 2,8 e Neemias 7. Fronteiras entre periferia e centro bem delineadas que não eram apenas circunscritas por uma etnia fictícia, mas também funcionavam como importante instrumento para manter e impor papéis de gênero estritamente construídos. Não seria absurdo pressupor que o pós-exílio produziu uma sociedade de maior estratificação baseada no gênero, corroendo as estruturas sociais anteriores, mais igualitárias (Fontaine 1995, p. 35-36).

Concluo a reconstrução do período persa com uma questão controversa: a existência de uma moeda de Judá gravada com uma imagem que deve ter sido a ideia que alguém fazia de Iahweh. Na moeda, que pode ser do século IV, está inscrito *yhd* – *Yehud* – em aramaico. No reverso, há uma divindade com barba, sentada sobre uma roda alada, carregando um falcão ou águia sob sua mão estendida. Essa inscrição exige um contexto judaico para a imagem, e a roda alada naturalmente evoca a visão do profeta Ezequiel da glória de Iahweh (Ezequiel 1,4-28). Tentativas de relegar a dracma a algum oficial persa ignorante em Judá desconsidera a realidade da política religiosa persa que era dirigida aos povos subjugados. Se Judá cunhou a moeda, o sacerdócio possivelmente teria tido poder de vetar a imagem. Contudo, não podemos esquecer que eram os próprios sacerdotes que controlavam o templo e, portanto, as finanças!

CAPÍTULO 2

Teologia e antiteologia no livro de Jó

Em sua aparente rebeldia, Jó procura responder a uma das questões fundamentais presentes no texto bíblico e que mais preocupava uma corrente de sábios israelitas, isto é, a teologia da retribuição. Segundo essa teologia, Deus é quem dá riqueza para alguns e pobreza para outros. Dessa forma, os ricos continuam ricos porque são justos, e os pobres continuam pobres porque não confiaram na justiça de Deus, ou seja, são pecadores. Por isso, não é difícil entender o clamor que vem dos lábios de Jó, revelando o terrível estado em que se encontra: "por isso, não ficarei calado; meu espírito angustiado falará e minha alma entristecida se queixará" (Jó 7,11).

Seguindo fielmente os cânones da teologia da retribuição, os mestres e doutores da religião pediam paciência aos justos que estivessem sofrendo. Os sofrimentos seriam passageiros e sua fidelidade e paciência seriam finalmente recompensadas. Nessa teologia, Deus passava a ser recolocado nos céus com o objetivo primeiro de vigiar para retribuir cada um de acordo com a lei. Parece-me que se inicia, a partir da teologia da retribuição, uma mudança da percepção do lugar em que Deus pode ser encontrado. Trata-se, portanto, de um deslocamento teológico.

Deixe-me explicar melhor minha concepção de deslocamento teológico. A tradição do Êxodo nos mostra uma divindade de densidade histórica, ou seja, um Deus que desce dos céus justamente para se encontrar com a dor humana; certamente que as dores sociais não eram estranhas a Deus:

> Iahweh disse: "Eu vi muito bem a miséria do meu povo que está no Egito. Ouvi o seu clamor contra seus opressores, e conheço os seus sofrimentos. Por isso, desci para libertá-lo do poder dos egípcios e para fazê-lo subir para uma terra fértil e ampla, terra onde corre leite e mel [...]" (Êxodo 3,7-8).

Na teologia bíblica do êxodo, Deus não se encontra nos céus, mas na terra, e peregrinando com o povo sofrido. Se voltarmos nossos olhos para o Novo Testamento, a impressão será a mesma. O Evangelho de João nos apresenta Cristo, que se encarna e assume a história humana como verdadeiro protagonista. Em ambos os casos, o melhor lugar para se encontrar com a divindade não é no céu, mas sim na história humana, ou, por que não dizer, a partir das dores e sofrimentos de todos aqueles que vivem na periferia do mundo.

Portanto, nos moldes da teologia da retribuição, seria inconcebível um Jó pobre e miserável e, simultaneamente, justo e íntegro. Dessa forma, a situação concreta de uma pessoa, isto é, sua prosperidade ou sua desgraça, seriam tomadas como indicadores de sua prática cotidiana. Abundância e miséria, dois termos eminentemente do cotidiano e marcadores das relações sociais, econômicas e políticas, são transformados em um dado teológico. Pensando nisso, é significativo o fato de que o livro de Jó esteja no cânon: afinal, é um texto que apresenta uma crítica à sabedoria tradicional, à teologia teórica e à economia de seu tempo!

De fato, a teologia da retribuição se configura como um dogma, e sabemos que dogmas não permitem discussões ou aceitam qualquer forma de contestação. Mas como ficar calado diante da dor que teima em não se ausentar do corpo? Como emudecer se a própria alma desanda a chorar? Certamente a visão dos filhos morrendo ou sendo escravizados não agiu como analgésico, mas sim como combustível para o protesto de Jó. Como ele vê e interpreta a morte de seus filhos e como a teologia de seus amigos, nos lábios de Baldad (8,4), interpreta a dor de Jó, alheia à experiência de seus amigos?

Uma leitura atenta de Neemias 5,1-5 nos mostra as mulheres agindo como protagonistas. São elas, sobretudo, que protestam. O clamor das mulheres ressoa fortemente até hoje:

> O povo pobre, sobretudo as mulheres, começou a protestar fortemente contra seus irmãos judeus. Uns diziam: 'Fomos obrigados a vender nossos filhos e filhas para comprar trigo, e assim comer e não morrer de fome'. Outros diziam: 'Passamos tanta fome que precisamos hipotecar nossos campos, vinhas e casas para conseguir trigo'. Outros ainda diziam: 'Tivemos de pedir dinheiro emprestado, penhorando nossos campos e vinhas, para podermos pagar os impostos ao rei'. Pois bem! Nós somos iguais aos nossos irmãos, e nossos filhos são como os filhos deles! Apesar disso, somos obrigados a sujeitar nossos filhos e filhas à escravidão. E algumas de nossas filhas já foram reduzidas à escravidão, e não podemos fazer nada, pois os nossos campos e vinhas já pertencem a outros.

Mas, perceba, o gesto das mulheres é contrário à teologia da retribuição. A única ação que poderia lhes caber – como assinalado por essa teologia – era a de ficarem caladas à espera da justiça de Deus. Protestar contra a injustiça era sinal de não confiar nele. Pior, era não aceitar o plano divino. Mas elas protestaram e creram mesmo que a esperança estivesse por um fio, mesmo que não pudessem fazer nada.

Consequentemente, a partir da experiência e da teologia de Jó, encontramo-nos diante de uma tese nova: o mal não é castigo por um pecado. O justo também pode viver situações de pobreza e de sofrimento. De fato, a experiência de Jó mostra que o sofrimento do justo não é uma realidade escandalosa. Não é verdade, afinal, que na maioria das vezes a história humana é atravessada pelo clamor do justo vitimizado e do inocente sofredor? Também não é verdade que a história humana frequentemente se instaura como um campo de dominação dos maus e dos violentos que sobrevivem em detrimento do fracasso e morte dos mais vulneráveis? E não sobrevivem justamente porque são maus e violentos? Na teologia e experiência de Jó, declara-se desde o início a ausência de correlação entre pecado e sofrimento, entre virtude e recompensa. Jó não disputa apenas com a teologia de seus amigos, mas com a atual – trata-se de uma lógica que temos muita dificuldade para quebrar!

Essa preocupação com a teologia da retribuição também pode ser observada em alguns textos no livro dos Provérbios, que se alinha à concepção de que o mal é o castigo do pecado e a retribuição ocorre durante a vida. Porém, a experiência do cotidiano reclama uma melhor leitura. A realidade refuta essa visão do destino humano. Também os bons sofrem ou morrem sem gozar de nenhuma felicidade; enquanto os ímpios triunfam na vida, gozam e desfrutam de riquezas e de prazeres. Uma escola de sábios da época bíblica aguçava sua percepção teológica para achar uma solução para esse aparente paradoxo, mas o que conseguiram produzir foi tão somente uma concepção negativa de Deus. A situação se tornou tão complexa que a expressão formulada por Epicuro e citada por Lactâncio se tornou emblemática:

> Se Deus quer erradicar o mal e não pode, é impotente; se pode, mas não quer, é cruel para com os homens; se não quer nem pode, é impotente e cruel; se quer e pode, então por que o mal existe e não é aniquilado?

Mas não podemos isolar o pensamento bíblico. Afinal, o pensamento oriental também havia refletido sobre o mesmo problema (há as versões suméria e acádica do tema do "justo sofredor"), porém, as soluções dadas por essas versões eram plenamente negativas. Nesse contexto de múltiplas tentativas de respostas que não se ajustavam, o livro de Jó deseja esboçar uma saída: o mal não é decorrência de um pecado, como se fosse um castigo aplicado por Deus; também o justo pode sofrer. Deus deseja que os justos vivam vidas tranquilas e felizes, porém, às vezes, nem Ele mesmo consegue que isso se realize. Também os inocentes sofrem nesta vida. Acontecem coisas muito piores do que merecem – perdem empregos, as doenças se apresentam e seus filhos sofrem. Etty Hillesum, de apenas 29 anos, pouco tempo antes de morrer na câmara de gás de Auschwitz fez uma oração. São palavras que silenciam nosso coração e que nos colocam em profunda reflexão (O'Connor, 1986, p. 12):

> Querido Deus, estes são tempos de ansiedade. Esta noite, pela primeira vez eu me deito no escuro com os olhos queimando após cenas e cenas de sofrimento humano passadas diante de mim. Eu Te prometo uma coisa: eu não sobrecarregarei o meu hoje com cuidados acerca do meu amanhã, embora isso requeira alguma prática. Cada dia é suficiente para mim mesmo. Eu tentarei ajudar-Te, Senhor, a evitar que minha força se desvaneça, embora eu não possa garantir isso com antecedência. Mas uma coisa está se tornando cada vez mais clara para mim: que Tu não podes nos ajudar e que nós devemos ajudar-Te a ajudar a nós mesmos. E isso é tudo o que conseguimos fazer nesses dias e é tudo o que importa: que protejamos a pequena parte de Ti, Senhor, que há em nós. E talvez também em outros. Aí, parece não haver muito o que podes fazer nessas circunstâncias a respeito de nossas vidas. Nem eu vejo isso como Tua responsabilidade. Tu não podes nos ajudar, mas nós devemos ajudar-Te a defender Tua morada dentro de nós até o final.

As adversidades ocorrem. Todavia, isso não significa que Deus esteja nos punindo por algo errado que fizemos. As desgraças não provêm, absolutamente, de Deus. Deus não é a causa da tragédia pois não é nosso adversário. Ao contrário, apresenta-se como nosso aliado e é a própria fonte onde podemos encontrar nosso poder de suportar, nossa capacidade de superar e ainda nossa determinação de continuar em direção aos nossos objetivos. Poderíamos dizer que a vida sem sofrimento existe somente em sonhos, mas nunca na realidade. Uma vida saudável integra o sofrimento – não é possível exorcizar o sofrimento da história humana, sob o risco de deixarmos de ser humanos. Por causa disso, devemos estar atentos às teologias que ainda surgem no cotidiano das igrejas.

Apesar de sua atualidade, o livro de Jó e a experiência nele relatada não são muito fáceis de serem entendidos à primeira vista. A sua compreensão exige cuidados preliminares definidos, pois lê-lo e aplicá-lo diretamente à experiência de cada um de nós e das nossas comunidades, e, mais ainda, fragmentá-lo isolando versos fora de seu contexto imediato, pode nos conduzir a alguns enganos. Precisamos, desde o princípio, fazer uma distinção bem clara entre os discursos de Jó e os discursos dos seus amigos, pois são completamente diferentes. Pode-se dizer que o livro de Jó permite uma dupla advertência que poderíamos resumir da seguinte maneira: a) nunca inferir sofrimento a partir do pecado (o erro dos amigos) e b) nunca inferir a inimizade de Deus em relação ao sofredor (o erro de Jó).

A história de Jó era extremamente conhecida na Palestina. Em Ezequiel 14,14, somos apresentados a uma tríade de homens sábios. Entre eles, encontra-se Jó, além de Noé e Daniel. Nunca é demais recuperar a informação de que o livro de Ezequiel foi escrito pelo menos 150 anos antes do livro de Jó. Muito possivelmente a estória contada no livro não tenha nascido em território palestino, pois Jó é apresentado como sendo estrangeiro, de Hus (Jó 1,1). A partir disso, sabemos que Jó era proverbial entre os judaítas exilados do século VI a.C., aos quais o autor se dirigia.

Ele é considerado como um dos "filhos do oriente", ou seja, não existe uma preocupação do narrador em precisar um lugar geográfico. O que importa, nesse momento, é a informação de que Jó não era israelita e alguém pertencente aos clãs possuidores de sabedoria. De certa forma, poderíamos antecipar que nosso personagem principal não tem um lugar preciso, um tempo definido, e muito menos relações de parentesco conhecidas. Assim, a estória de Jó pode ser considerada a história de cada um de nós. O conjunto de versos que introduz a narrativa tem por objetivo mostrar aos leitores que Jó é de fato e em todos os sentidos uma pessoa reta e piedosa. Suas características ressaltam no texto: ele não é israelita, é piedoso e justo – "Era um homem íntegro e reto, que temia a Deus e evitava o mal" (Jó 1,1).

Encontramos grandes discursos no livro de Jó. Nesses discursos, seus amigos, Elifaz, Baldad e Sofar, e mais um Eliú, conservador um tanto quanto atrevido, se batem ferozmente pela mesma tese: a de que o justo de Deus não sofre, não tem padecimentos, não experimenta provações ou opressões. A posição do próprio autor me parece clara. Basta tão somente verificar a importância que ele concede aos discursos de Jó. Os discursos de Jó, tomados juntos, equivalem a 20 capítulos (513 versos), enquanto os discursos de Elifaz contam com somente 4 capítulos (113 versos), 3 de Baldad (49 versos), 2 de Sofar (também 49 versos) e 6 de Eliú (165 versos).

Em meio a tantas palavras, é sintomático que Jó considerava seus amigos e o conjunto de suas palavras teológicas como "consoladores inconvenientes" (16,2) ou, em forma de pergunta: "Por que me consolam em vão?" (21,34). Se os amigos, arrogantemente, diziam que as consolações trazidas por eles deveriam ser consideradas por Jó como "consolações divinas", Pope sugere que os sujeitos dos discursos "esfregam sal nas feridas abertas".

A todo instante os amigos – a partir de sua particular construção teológica – lançam no rosto de Jó que, se ele passa por dificuldades e sofrimentos atrozes, é porque está em pecado. Mas Jó recusa todas essas provocações, chamando-os de mentirosos, dizendo que são inventores de mentiras e conselheiros de fracassados, consoladores que só sabem aborrecer (16,1-3). A cada discurso de seus amigos, Jó dá uma resposta conveniente e apropriada. No fim, até mesmo Deus (42,7-9) repudiou os discursos teológicos pré-fabricados desses amigos, inclusive com a afirmação de que Jó intercederia por eles.

Os discursos de Elifaz, Baldad, Sofar e Eliú estão recheados de belas palavras, de aparente humildade e afirmações eloquentes e grandiosas. Tudo isso com o propósito de defender a Deus. Os discursos dos amigos pretendem encerrar Jó no círculo vicioso da teologia da retribuição.

Quatro amigos, quatro discursos e uma mesma teologia. Eles oferecem todas as soluções típicas que estavam à mão. É possível imaginar que cada uma das frases-clichê que lemos em estereótipos clericais ou livros devocionais encontra-se aqui. E, na verdade, ainda que tais soluções sejam apresentadas com razoável inteligência, a conclusão do livro é que nenhum desses remédios é adequado, ou mesmo correto. Ao contrário, o discurso teológico reproduzido por eles procurava inocular em Jó um poderoso veneno muito mais forte do que as dores que ele já tinha que suportar.

Os quatro amigos representam o pensamento teológico oficial em Israel, ou seja, defendem a justiça de Deus e afirmam o agir humano e seus consequentes pecados como causa para qualquer desgraça na vida humana. Os amigos falam a partir do discurso oficial, mas Jó fala a partir da periferia da pobreza, do luto, do abandono, da enfermidade e da humilhação. A observação de Rohr (1996, p. 33) é pertinente: "os três e, eventualmente, os quatro amigos de Jó pretendem preservar sua noção de Deus, sua noção a respeito de Jó e sua noção de justiça a qualquer custo". Mais do que sujeitos históricos que se encontram para uma série de discursos teológicos, podemos dizer que Jó e seus amigos personificam posições teológicas. No encontro deles estava em discussão concepções tradicionais de uma ordem do mundo justa que, todavia, criava o caos para os vulneráveis.

Todavia, é necessário salientar que precisamos ter um discernimento muito grande para não nos afastarmos do significado do conhecimento de Deus. Uma das melhores possibilidades de bem compreendermos o significado de "conhecer" Deus vem dos profetas. Eles condenavam de maneira contundente a falta de vínculo que existia entre celebração e vida. Muitos líderes pensavam que Javé pudesse ser subornado e comprado com rituais grandiloquentes e que pudesse estar do lado deles, mesmo quando a violência e a opressão se faziam presentes na ordem do dia.

Os profetas, nesse sentido, demonstravam uma profunda convicção de que a celebração religiosa não podia ser separada da vida. Seria impensável e, até mesmo, impossível buscar a Deus sem reconhecer a necessidade imperativa de praticar a justiça em todas as relações humanas. A violação do direito inalienável do ser humano é antes de tudo uma violação do próprio Deus. Trata-se de um crime contra Javé, o autor e protetor da vida. Afinal, ao suprimir o direito do pobre, sua existência em si é ameaçada. Não se trata, portanto, de ações dos poderosos que ameaçam somente a propriedade, em jogo está a própria vida dos oprimidos.

A situação descrita na literatura profética é a de indivíduos que durante o dia exploravam as pessoas e, mais tarde, se refugiavam no templo. Eles queriam estar próximos de Javé contanto que pudessem estar distantes de todos os outros que eram diariamente violentados por eles mesmos. Todavia, poderíamos afirmar que não há como ter comunhão com Javé e ao mesmo tempo oprimir as pessoas; não há comunhão vertical quando não há comunhão horizontal; e seria impensável amar a Deus, que não vemos, e negligenciarmos aqueles que vemos. Uma das mais belas peças teológicas dos profetas pode muito bem ser assim resumida: não há conhecimento de Deus quando não há comunhão e solidariedade com os mais pobres.

Os profetas nos colocam, portanto, diante de pessoas que exploram a revelação religiosa a serviço de seus próprios interesses. Narcotizam suas mentes de tal maneira que passam a utilizar conscientemente a religião para justificarem suas injustiças no tratamento com seus semelhantes. Nesse caminho presumiam que Javé estivesse com eles, mas na verdade não o conheciam. Não podemos nos esquecer que a prática do bem é sinal incontestável da presença de Javé. E, juntos com os profetas, poderíamos afirmar que ninguém pode pressupor que Deus está com ele, se não pratica o bem.

Isaías é outro dos profetas a nos dizer que Javé estava cansado do culto que parte da população fazia porque havia iniquidade associada ao ajuntamento solene (Is 1,11-13). Liturgia e vida deveriam ser visualizadas simetricamente, isto é, toda vida deveria ser percebida como cúltica. Amós, por sua vez, usa palavras realmente fortes para demonstrar a desaprovação relativa ao culto: "aborreço, desprezo, não me deleito, não me agradarei, nem atentarei, afasta de mim o estrépito, não ouvirei" (5,21-23). Impressiona a força das palavras e como todas elas nos levam a pensar que a prática da justiça e do direito devem preceder o ritual religioso. Os rituais por mais pomposos que possam ser não substituem a prática da justiça (Provérbios 21,3).

Mas é o profeta Jeremias que nos mostrará com todas as letras que a realização do direito do pobre evidencia-se no conhecimento de Deus. Em Jeremias 22,16, em um ambiente palaciano, encontramos a expressão "conhecer a Javé". Mas devemos estar atentos que a expressão somente aparece após a descrição de ações e comportamentos necessários que tem como foco a proteção dos mais vulneráveis da sociedade. Lemos em Jeremias 22,16: "ele [o rei Josias] julgou a causa do pobre e necessitado; e tudo corria bem para ele. Não é isso me conhecer? Diz o Senhor". O texto não se expressa da seguinte forma (que para muitos poderia ser uma forte tentação): "porque ele me conheceu, ele julgou a causa do pobre e necessitado". Não podemos reduzir o relacionamento com Deus a uma mera gnose. A conclusão possível é que a prática da misericórdia para com o pobre e necessitado é conhecimento de Deus.

O profeta Oseias apresenta a mesma chave de leitura em 4,1: "Ouçam a palavra de Javé, filhos de Israel! Javé abre um processo contra os moradores do país, pois não há mais fidelidade, nem amor, nem conhecimento de Deus no país". Da mesma forma, em 6,6, aponta: "Pois eu quero amor e não sacrifícios, conhecimento de Deus mais do que holocaustos". Também é possível destacar o versículo 8,2-3: "Eles gritam: 'Deus de Israel, nós te conhecemos!' No entanto, Israel recusou o bem, e o inimigo o perseguirá". A partir de Jeremias 22,13 é possível inferir que há duas maneiras de organizar a sociedade a partir da presença ou ausência do direito e da justiça. E, certamente, a organização da sociedade sobre os fundamentos do direito e da justiça é diferente da organização da sociedade estabelecida sobre os fundamentos da violência e da opressão.

O problema fundamental, pois, reside no tema do conhecimento de Deus. Pode-se dizer que um bom conhecimento de Deus sempre se manifesta no campo das relações entre os seres humanos e, porque não dizer, do ser humano em sua relação com a integridade da criação. Nesse sentido, é levantada a questão do modo como a realidade cotidiana seria construída pelo não-conhecimento de Deus. A questão de fundo seria esta: qual o raio-X faríamos da sociedade a partir do não conhecimento de Deus?

O conhecimento de Deus exige sempre a prática da justiça exatamente porque Ele é a fonte da prática da justiça. Percebe-se que o cotidiano é o definidor do conhecimento de Deus. Não é necessário olhar para o alto, mas sim para a terra! A vida daqueles que desconhecem Deus é uma performance cheia de injustiça entre os seres humanos. Assim, o ranking do conhecimento de Deus – alto ou baixo – residiria na maneira como a solidariedade é praticada em relação ao pobre e necessitado! A relação de proximidade existente entre Deus e o próximo é de extrema clareza no Antigo Testamento e nos profetas em particular. A negação do outro, que é pobre e necessitado, significa a negação do próprio Deus. Dois textos me parecem emblemáticos:

> Não explorarás ao jornaleiro necessitado e pobre, seja ele seu irmão ou um estrangeiro que reside em sua terra. Pagará a ele a cada dia seu salário, sem deixar que o sol se ponha sobre esta dívida; porque ele é pobre, e para viver necessita de seu salário. Assim ele não clamará a Javé contra ti, e não ficará em pecado (Dt 24,14-15).

> [...] quem se burla de um pobre, ultraja o seu Criador (Pv 17,5).

Gutierrez é claro ao afirmar: "Onde há justiça e direito há conhecimento de Javé, quando aqueles faltam este está ausente [...] o Deus da revelação bíblica é conhecido através da justiça inter-humana" (1973, p. 252). A equação me parece diáfana: recusamos o próprio Deus quando aceitamos e até mesmo legitimamos a desigualdade social, política e econômica. Se a presença de Deus acontece de maneira ativa e proativa em relação aos pobres, nosso encontro com Ele somente pode acontecer a partir de gestos concretos que viabilizem a solidariedade com os pobres e sua libertação. Na miséria se encontra a verdadeira face de Deus.

Os discursos dos amigos são, na verdade, palavras que compõem uma antiteologia. Ela se parece muito com a teologia, mas não é teologia. Uma parábola pode ilustrar essa situação muito bem. Mateus 7,24-27 fala de duas casas: uma construída sobre a rocha, e outra, sobre a areia. Eram iguais em tudo e serviram para abrigar seus habitantes da mesma forma. A diferença radical foi mostrada na hora da tempestade. Assim é a antiteologia dos quatro interpeladores e críticos de Jó. Suas bonitas e eloquentes palavras nascem de uma visão distorcida de Deus e da realidade e, por isso, se afastam dos sofredores. É por isso que Jó representa a teologia, e seus quatro arguidores, a antiteologia!

Quanta coisa hoje em dia é apresentada como teologia, mas não passa de caricatura de teologia! Teologia é a confissão de fé em um Deus que exige que tenhamos com Ele uma experiência viva, porém correta, fundamentada em fatos claros e seguros, fatos que sejam capazes de nos guiar com firmeza ao conhecimento do Deus libertador e de uma comunidade que age de forma libertadora e inclusiva. Uma teologia da vida, em defesa da vida e contra o império da maldade. A antiteologia, por sua vez, desloca Deus do centro exato em que Ele deve estar e, de uma ou de outra forma, faz com que o discurso teológico seja mais importante do que a vulnerabilidade humana.

Percebe-se, ainda, uma espiral de violência discursiva nas palavras de cada um dos amigos. As palavras se tornam cada vez mais agressivas. Os ataques são virulentos e brutais. Mas, ainda que os discursos teológicos se apresentem com grande força, Jó não se dá por vencido. Ele não se cala. Ao contrário, reage e refuta o que é apresentado com belas cores por seus amigos.

É preciso tomar cuidado com as teologias que andam por nossas estradas eclesiais, pois muitas funcionam como uma antiteologia. Não falam de Deus, mas de um anti-Deus. É possível dizer que toda teologia cumpre algum papel social na organização social. Não existe teologia neutra, por mais que tentemos construí-la. Toda teologia fala a partir de seu próprio lugar social. Parece-me que Jó possui essa intuição teológica. Diante dos discursos bem fabricados e ordenados por seus amigos, ele mesmo diz que "falaria do mesmo modo se estivesse no lugar deles" (Jó 16,4). Uma citação de Gutierrez (1987, p. 30) é esclarecedora:

> Os amigos discursam dessa maneira porque não experimentaram o abandono, a pobreza e a dor que Jó experimentava [...]

> a linha divisória é desenhada a partir da experiência pessoal, que às vezes traz uma dolorosa proximidade de Deus, e que esses teólogos, intocáveis com seus argumentos, não conhecem.

Ao discursarem teologicamente a partir de seu bem assegurado e cômodo lugar, as palavras dos amigos conseguem apenas vislumbrar de longe a periferia do mundo de Jó. Eles mostram simpatia, consolam com a boca e tentam acalmar o amigo com simples movimentos de lábios. Mas o que dizem não vale nada. Ao contrário, apresenta-se como uma teologia que só aumenta a dor daquele que ouve. Jó, consequentemente, rejeita esse modo de fazer teologia que não leva em consideração as situações concretas, os sofrimentos e esperanças dos seres humanos e que, simultaneamente, esquece o amor gratuito e a compaixão divina infinita. Em termos gerais, os amigos recordam a Jó a ordem justa desse mundo governado por Deus, sugerindo a ele que examinasse sua vida.

Parece-me que Jó ministra uma verdadeira aula de teologia, ou seja, indica a seus amigos que, diante da injustiça e da exploração que destrói a vida, os teólogos estão convidados a reinterpretar sua teologia necessariamente a partir dessas condições sociais. O contato com os que vivem derrotados na periferia do mundo obriga o teólogo a se interrogar sobre as ferramentas que está utilizando em seu labor teológico. Algumas perguntas possivelmente poderiam nascer a partir da experiência de Jó ao escutarmos a proposta teológica de seus amigos. Perguntas que revelam o verdadeiro caráter e função da teologia. Alguns exemplos dessas perguntas poderiam ser citados a fim de mostrar que não existe comunicação teológica e muito menos prática teológica sem contexto, ou seja, as formas de se elaborar teologia são respostas às perguntas que nascem da interação das pessoas com os ambientes nos quais vivem:

1. Qual a função social da teologia?
2. Qual a sua mensagem?
3. Quem é o sujeito que está por trás de sua construção?
4. Que interesses defendem?

São apenas algumas perguntas que não podemos deixar vagar em nossas cabeças sob o risco de trilharmos por caminhos da anti-teologia. Afinal, em Jó, Deus e dor não são contraditórios! Assim, seria inadvertido observarmos a experiência de Jó como se fosse uma teologia apocalíptica, com a certeza de que o presente se desenrola sob o signo do fracasso, da pobreza e da doença, demolindo o existente para, em seu lugar, construir uma nova e perfeita ordem de relações. Por isso, devemos observar a experiência de Jó como se fosse uma teologia da história humana, ou seja, Jó permanece na história e procura, insistentemente, não a eliminação catártica pura e simples da dor e da pobreza, mas, fundamentalmente, sua interpretação teológica. Talvez uma das principais lições de Jó seja a de nos alertar que as palavras não são inocentes ou neutras, muito menos as palavras teológicas.

Penso que a principal função dos discursos dos amigos é reafirmar a compreensão tradicional da natureza de Deus. Uma visão que deve ter sido defendida por muitos, ou pelo menos pela maioria dos primeiros leitores do livro, e considerada por eles como princípio fundamental sobre o qual vinham baseando suas vidas e no qual achavam que podiam confiar: que Deus é um Deus justo que é preocupado pela vida comum de cada ser humano e que sempre recompensa o justo e pune o malvado. Assim, segundo Whybray (1998, p. 17), "os leitores reconheceriam nos discursos dos amigos a expressão desta doutrina familiar e fundamental". O objetivo desses discursos, então, era que fossem seriamente considerados pelos leitores como afirmações do que eles sempre acreditaram.

O núcleo central do livro de Jó, escrito em poesia, demonstra uma nova teologia. Nele, não se encontra o tema da paciência, mas, contrariamente, deparamo-nos com o tema de um Jó rebelde. A análise do seu cotidiano nos permite afirmar que ele é uma negação dos dogmas oficiais defendidos por seus amigos. Podemos até mesmo dizer que estamos diante de uma representação da crise da teologia oficial. O autor do livro de Jó usou o infortúnio temporário do herói como cenário para seu poema, cuja sabedoria convencional é radicalmente posta em questão. O problema principal do livro se apresenta dessa forma: Jó, o justo, sofre dores indizíveis para as quais nem ele e nem seus amigos encontram uma explicação suficiente.

É bastante comum ouvirmos dizer que o livro de Jó trata apenas do sofrimento humano. Não é verdade! Também temos ouvido que Jó é o símbolo da paciência. Também não é verdade! O que de fato aconteceu é que se formou uma tradição de que Jó representa o símbolo da paciência. A verdade é que Jó não cedia diante das tentações, dos sofrimentos e das insinuações perigosas dos seus amigos e parentes. Jó não pode ser entendido como alguém passivo de maneira alguma. Ao contrário, ele discutia com tudo e com todos, até com Deus, a quem fez vários desafios (Jó 10,1-22). Era inquieto e discutidor, fato que pareceu aos seus amigos uma autêntica blasfêmia.

Pode-se dizer que a presença de Jó ao longo dos séculos baseou-se frequentemente em um equívoco. Enquanto personificação de paciência, resignação e perseverança, ele foi reduzido a uma estranha promessa de consolação depois da provação. A bem conhecida expressão "a paciência de Jó" vem do Novo Testamento, não do Antigo Testamento. A Epístola de Tiago 5,11 aponta para o hypomene de Jó como um exemplo para a comunidade. A palavra foi traduzida como "paciência" na maioria das Bíblias, mas tradutores modernos costumeira e corretamente traduzem essa palavra como "persistência". Aqui estamos no ponto correto: Jó é persistente, e não paciente. Entretanto, não podemos negar que estamos diante de um dos mais extraordinários e impressionantes testemunhos de fé do Antigo Testamento.

O autor do livro de Jó toma o modelo de sofrimento pessoal de Jó como protótipo do sofrimento da vida do povo de Deus. O sofrimento é a ocasião que abre a porta do drama, porém o tema que se apresenta com mais intensidade é o da justiça de Deus. Os amigos defendem a teologia tradicional sapiencial que deseja defender Deus à custa do ser humano, ainda que ele seja despojado e sofra injustamente. Os amigos argumentam pela tradição, acusam com o objetivo de defender sua teologia e não progridem na discussão. Mas Jó reflete a partir de sua própria realidade e, por isso, seu discurso apresenta características inovadoras. O Deus que seus amigos apresentam seria de fato o Deus verdadeiro? Durante o percurso do livro percebemos que nos discursos dos amigos não há alusão à realidade em que Jó vive, tampouco abordam a questão da injustiça que ele havia colocado. Talvez essa situação confirme, como em tantos outros lugares do livro, que os discursos dos amigos representam a teologia da ordem e da submissão a um destino providencial que regula o cosmos, mas que não enfrenta as injustiças com as quais os seres humanos padecem em seu cotidiano. Os amigos têm, portanto, discursos típicos de certas práticas consoladoras atuais!

Jó se encontra doente. Sua pele está cheia de ferimentos. As cinzas se acumulam para expressar luto ou ainda para acompanhar as orações a Deus. Ele se encontra fora da cidade em uma posição de excluído e talvez fosse até tomado por um leproso. Os leprosos eram forçados a viver fora das cidades tanto para afastar sua enfermidade dos demais quanto porque eram considerados castigados por Deus e, portanto, indignos de participar da vida na cidade. Seu local, nesse momento, é a periferia da vida. Mas Jó, apesar de tudo, demonstra fidelidade até o fim. Sua situação é por demais triste e entristece quem contempla esse quadro. Nosso personagem sai de sua casa para se instalar fora do campo ou da aldeia. Sua casa agora é um monte de cinza, lixo e esterco onde normalmente os doentes esperam a própria morte. O caminho da casa até o monte de lixo indica o caminho da antivida. Nesse caminho, Satã espera de Jó uma blasfêmia escancarada, e não algum tipo de blasfêmia interior como aquela que Jó temia que seus filhos dissessem durante os dias de festas (Jó 1,5). No caminho da exclusão, Jó se encontra completamente solitário!

Pode-se dizer que a crise de Jó é uma expressão das muitas e variadas crises pelas quais passa nosso povo hoje. Nesse sentido, o livro de Jó adquire um valor todo especial, pois passa a ser um espelho que reflete o cotidiano de cada um de nós. A orientação pastoral dominante retratada na experiência de Jó deveria ser contestada a fim de problematizar o caso do justo que sofre. Assim, fazia-se necessário apresentar amplamente o consolo tradicional com o objetivo de mostrar a sua insuficiência e, posteriormente, colocar o problema teológico de fundo. Até certo momento, Jó havia aceitado sem queixas o que Deus aparentemente lhe havia reservado. Porém, em seu primeiro discurso começamos a perceber um outro Jó e, desta vez, encontramos em seus lábios o som do protesto.

Todos nós temos o direito de fazer perguntas a Deus. Até Jesus fez perguntas a Ele: "Meu Deus, meu Deus, por que me desamparaste?" (Mateus 27,46). Mas os amigos de Jó não queriam que ele fizesse perguntas (Jó 4,17-21). Jó, porém, não aceita uma teologia que nega o questionamento porque tudo está pretensamente ordenado e resolvido. Ele não permite que sua voz seja emudecida e sua mente colonizada pela força do discurso teológico oficial. Por isso, diz convictamente que vai continuar perguntando (Jó 7,11), sem temer as consequências: "fiquem calados, que eu vou falar, aconteça o que acontecer" (Jó 13,13). O erro não está em perguntar, mas em querer perguntar para dar as respostas que já estavam prontas antes mesmo das próprias perguntas. O erro está, portanto, em dar respostas meramente baseadas na lógica ou na conveniência humana, como faziam os amigos de Jó.

A provação pela qual Jó está passando é tão devastadora que vai culminar num grito que é metáfora para o sofrimento e aflição da humanidade. Por meio de seu grito, Jó se faz solidário com toda a humanidade. Sua provação não o isola, mas o traz para perto de todos nós. "Não aguentamos mais" é o grito de desespero que nasce na garganta de cada um e de todos nós. Jó deseja a morte mais do que a vida. Sua pergunta "por quê?" continua a ecoar ainda hoje em nossos próprios lábios.

2.1 A teologia de um Deus comerciante

Por meio de sua moral utilitária, Elifaz vai apresentar e representar a teologia oficial da retribuição. Ele afirma com insistência o dogma da justiça retributiva. Segundo Elifaz, colhem miséria e a injustiça aqueles que as semeiam e cultivam. Consequentemente, eles perecem e se consomem sob o sopro de Deus. Em seu discurso percebe-se que o princípio da teologia da retribuição é tão absoluto e universal que é aplicado até aos animais: "Deus sopra, e eles perecem; o sopro de sua ira os consome. Embora o leão ruja e a leopardo também, os dentes dos filhotes são quebrados: sem a presa, o leão acaba morrendo, e as crias da leoa debandam" (Jó 4,9-11). Não há como escapar. O que Elifaz anuncia como sendo de Deus é o que ele anteriormente já pensava e fazia parte de sua teologia. Em resumo, Elifaz está dizendo o que ele pensava acerca de Deus, e não o que Deus pensava acerca do ser humano, especialmente daquele que é chamado a ser testemunha fiel em meio a todas as provações e tentações.

Elifaz (5,17) dá sua interpretação do sofrimento de Jó como se fosse uma correção. Se ele sofre, não é por causa dos inimigos (como na maioria dos salmos de súplica), mas sim por causa de algum pecado que Elifaz não consegue identificar. Dessa forma, o castigo de Javé funcionaria como sinal de seu amor, e todo aquele que fosse castigado poderia ser considerado como um bem-aventurado. Consequentemente, não há motivo para Jó perder seu ânimo de viver, muito menos maldizer seu nascimento. A teologia que Elifaz manifesta se assenta na tentativa de convencer a Jó de sua culpabilidade. Por isso, Elifaz não hesita em afirmar que Deus fere!

Há, nos discursos de Elifaz, pelo menos uma anulação do potencial vitimizador daqueles que exercem o poder, seja ele político, econômico ou ainda um esvaziamento da carga semântica das palavras. Os inimigos, no texto de Jó, podem e devem ser especificados – assim como fazem os profetas quando os denominam como chefes políticos e militares, reis, filhos do rei, rainha, arrecadadores de impostos, usurários, senhoras nobres, sacerdotes, falsos profetas, latifundiários, juízes, ministros do rei. Os atos violentos são perpetrados especificamente contra os pobres (Jó 24,2-4), ameaçando, portanto, sua existência. Talvez uma possível pergunta pudesse ampliar nossa reflexão: a provisoriedade do ser humano é algo inegável e incontestável? Todavia, por que muitos são condenados a morrer antes da hora? A resposta a essa pergunta possivelmente nos inseriria no campo da responsabilidade missionária ou da teologia que se faz missionária.

Em nome da religião, Elifaz deixa de lado o sofrimento concreto de Jó para dedicar seu discurso teológico a um tema doutrinal. Mas é possível perguntar: quem vem primeiro, a religião ou a vida? Ao deixar que a vida passe para segundo lugar, a religião se volta como a defesa de uma situação que produz a morte. Elifaz e seus amigos, posteriormente, caíram nessa armadilha. O argumento de Elifaz é claro: o injusto sofre por causa de sua maldade. Seu discurso teológico procura refutar as expressões de Jó no sentido de que Deus tratava igualmente tanto o injusto quanto o inocente. Ao contrário de Jó, Elifaz não apela à sua experiência direta, mas sim à tradição que carrega consigo a autoridade de muitas gerações de sábios. Ele está disposto a encaminhar o caso de Jó sem investigá-lo, a fim de defender a ordem ideológica estabelecida. A representação que Elifaz faz de Jó é a de um homem injusto, rebelde e ímpio. Elifaz enxerga a partir de um espelho que distorce a realidade. E, possivelmente, a realidade se encontra distorcida porque a distorção causada pelo caos interior já se encontra estabelecida.

Elifaz procura fazer entrar à força na cabeça de Jó uma doutrina bem tradicional. Visivelmente, ele não se preocupa com a situação de extremo sofrimento do amigo, muito menos se deixa interpelar por ela. É impressionante ver como nem ele – nem os outros três – dizem uma só palavra sobre a aflição de Jó. A preocupação pela defesa da doutrina pode abafar qualquer forma de compaixão. Ele não consegue compreender que a teologia é o segundo ato, e a vida, o primeiro. A teologia existe para defender a vida, principalmente a dos mais pobres. Para ser válida, toda ação teológica deve, necessariamente, estar precedida de uma reflexão sobre o ser humano e de uma análise da vida concreta do ser humano concreto. Com a falta dessa reflexão, corre-se o risco de se adotar métodos teológicos que reduzem o ser humano à condição de objeto.

Talvez pudéssemos dizer que o método teológico de Elifaz seja o da "visão noturna" (Jó 4,12-21). A pretensão de Elifaz de se apresentar como profeta e reivindicar o direito a uma variedade pessoal de revelação divina não se sustenta. Nada mais distante do que caracterizava o profetismo que era, justamente, a leitura da história como fonte de matéria-prima para a construção do discurso teológico. No entanto, as pseudorrevelações não são a melhor maneira de fazer teologia. Na verdade, a Bíblia é a alma da teologia!

Elifaz apresenta um Deus de uma religião demasiadamente alienante que abençoa todos aqueles que não questionam a sua atuação.

Encontramos aqui o funcionamento da teologia da retribuição como testemunha de uma religião mercantil. Essa maneira de pensar faz de Deus um negociante. E, numa espiritualidade mercantil, o ouro nunca deixa de ter importância.

2.2 Teologia como linha de produção: pensar é proibido

Nem só de revelação vive a teologia dos amigos de Jó. Também existe uma tradição que insiste na impossibilidade de pensar. Pensar, nesse caso, seria proibido. O totalitarismo não se apresenta apenas com cortes e cores de ordem política. Podemos falar também de um totalitarismo que nos leva a criar sistemas teológicos que dão voltas ao redor de si mesmos e, consequentemente, estabelecem o fundamentalismo como premissa básica de seu edifício.

Segundo Rossi (2005, p. 58-59), o discurso teológico de Baldad apresenta três possíveis enfoques, a saber: a) a tradição que considerava intocável o princípio de que o castigo dos ímpios e a proteção do justo eram leis divinas tão firmes e seguras quanto a lei de causa e efeito na física; b) a irretocabilidade da tradição dos ancestrais; c) a omissão de se pensar por conta própria e passar a repetir, feito papagaio, o que se aprendeu com a tradição dos ancestrais. Uma possível conclusão é esperada: para Baldad, o dogma da retribuição não poderia ser distorcido pelos homens, muito menos pelo próprio Deus.

Baldad entra na discussão um pouco mais exasperado do que Elifaz, pois Jó continua a discutir sem perder o fôlego (Jó 8,2): "Até quando você, Jó, vai falar assim? Até quando suas palavras serão como um forte vento?". Baldad afirma que Jó está sofrendo porque ele e seus filhos pecaram. Suas palavras são duras: "Se os seus filhos pecaram contra Deus, ele já os entregou ao poder dos próprios crimes" (Jó 8,4). Ele diz que Jó tem uma única solução para todo o seu sofrimento: orar a Deus, pedindo-lhe perdão e misericórdia pelos pecados cometidos e mostrar na prática que está realmente arrependido: "e, se você se conservar puro e reto, ele cuidará de você e o restaurará na tua legítima prosperidade" (Jó 8,6). Mas nesse ponto reside uma grande ironia. Observe que a prosperidade, ironicamente, é precisamente aquilo que Jó não está pedindo, mas esse é justamente o mundo no qual Baldad e seus amigos foram fisgados. Baldad garante a Jó que ele reconquistaria todo o sucesso anterior e ainda muito mais: "Sua situação anterior parecerá coisa pequena em comparação com a grandeza do seu futuro" (Jó 8,7).

Baldad bate na velha tecla de que o justo não sofre: "Por acaso, brota o papiro fora do pântano? Ou pode o junco crescer sem água? [...] Tal é o destino de quem se esquece de Deus, e assim desaparece a esperança do injusto" (Jó 8,11 e 13). Baldad se sente tão incomodado que passa a atribuir a morte dos filhos de Jó aos pecados dele. Jó, nesse caso, deveria suplicar a Deus em vez de discutir com ele. Mas parece-me que o profeta Ezequiel já havia resolvido esse problema (Ezequiel 18,1-9).

Liverani (2008, p. 259-260) assegura que no antigo Oriente Próximo, em Israel em particular, a responsabilidade coletiva possuía dois campos de aplicação, um "horizontal" e um "vertical". A responsabilidade coletiva "horizontal" é a que tornava responsáveis por um delito não somente os autores individualmente considerados, mas também suas famílias e as comunidades locais (vilas, cidades). Assim, quando o responsável não era identificado, a comunidade à que pertencia (que evidentemente o protegeu) devia necessariamente assumir o ônus da culpa:

> Se os mercadores do rei de Ugarit são mortos na terra de Karkemish [...] e os seus matadores não são presos, os filhos de Karkemish irão a Ugarit e declararão sob juramento: "Não sabemos quem são os assassinos, e os bens dos mercadores desapareceram".

Esse mesmo processo de responsabilidade coletiva ressoa ainda na legislação deuteronomista sobre o delito praticado na planície e debitado à vila mais próxima, conforme podemos perceber no texto de Deuteronômio (21,1-3; 6-7).

A essa responsabilidade "horizontal" entrelaça-se a "vertical", de geração, segundo a qual os filhos são responsáveis pelas culpas dos pais "até a sétima geração". É evidente a ligação dessa responsabilidade de geração com as normas de transmissão hereditária da propriedade:

primeiro de maneira automática (com o privilégio do primogênito), depois com a possibilidade de escolha (as várias bênçãos patriarcais no leito de morte), mas sempre de pai para filho. Ao assumir o benefício da herança patrimonial, o filho assumia também o ônus de eventuais pendências não somente financeiras, mas também penais.

As duas formas de responsabilidade corporativa entram em crise progressivamente a partir de mudanças socioeconômicas de longo prazo; mas o desastre nacional e o exílio aceleraram a crise. O indivíduo não se encontrava mais inserido numa estrutura política e num tecido social que o protegiam, em cujo âmbito acontecia uma regular transmissão de propriedade da qual tirava o sustento. Tal situação resultava na formulação de um quadro de referência pessoal, em que o indivíduo assumia todas as responsabilidades, mas não pretendia assumir as alheias – conforme os esclarecedores textos de Jeremias (31,29-30) e Ezequiel (14,13-16).

É possível perceber a linguagem terrível desse "teólogo" que, para defender sua "doutrina", culpabiliza um pobre pai pela morte de seus queridos e amados filhos e filhas. Baldad não tem interesse algum em examinar os detalhes do caso de Jó. A princípio, não está disposto a questionar a justiça de Deus. É evidente que Jó não aceitou o recurso da tradição porque ela não explicava nada. Pelo contrário, só complicava tudo. Para seguir a solução da tradição, Jó deveria esquecer sua aflição, mudar de fisionomia e fazer rosto alegre (Jó 9,27). Mas isso Jó não faria de forma alguma, pois achava se tratar de uma hipocrisia e uma mentira. Ele achava estar plenamente convencido de que esse comportamento não mudaria o tratamento de Deus para com ele (Jó 9,28b). Baldad, ao recorrer à tradição, sugere a Jó um falso conformismo.

A construção teológica de Baldad soa estranha. É, na verdade, uma teologia perigosa, pois produz a exclusão do humano. Não é uma teologia que procura os caminhos da solidariedade. Ao contrário, reduzindo o ser humano à condição de verme – "Se nem mesmo a lua é brilhante, nem as estrelas são puras, aos olhos dele, quanto menos o homem, esse verme; o ser humano, essa larva" (Jó 25,5-6) –, ela quebra com os laços de solidariedade e aponta para uma sociedade onde não cabem todas as pessoas. Ao desumanizar o ser humano,

Baldad legitima uma teologia que produz antivida. Uma teologia produtora de exclusão.

Contudo, para muitas pessoas é mais fácil olhar para o ser humano como se ele fosse um verme. Por causa desse ponto de vista, seria possível, e até natural, desviar os olhos, os passos, as mãos em relação àquele que sofre e é vitimizado pelas forças hegemônicas sociais, econômicas, políticas e religiosas que desestruturam o cotidiano.

A teologia proposta por Baldad tem o mérito de estimular muitas perguntas marcadas pela atualidade, tais como: qual a necessidade de uma teologia que não protege o ser humano? Qual a utilidade de uma teologia que não fala a linguagem da vítima? Qual a função de um sistema de fé que não leva as pessoas ao encontro umas das outras, principalmente do mais sofredor?

Baldad, de fato, representa a religião e sua (in)consequente teologia, que perdeu sua referência e missão no mundo ao desviar seus olhos dos objetivos e ao negar a vida como ato primeiro e necessário para a sobrevivência da própria teologia. Em uma cosmovisão em que o direito à vida é mais importante que o direito à propriedade, o clamor do pobre é uma exigência que requer resposta, não como ato de generosidade adicional ou legal, mas sim como resposta da própria justiça. Baldad está convencido de sua teologia e dela não deseja abrir mão. Ele se acha possuidor de toda a verdade. Esse problema, porém, não se encontra somente em Baldad; muitos de nós vivem dessa forma. Apropriamo-nos de nossa "verdade" muito cedo na vida e não queremos ser incomodados com nenhuma outra evidência.

Quando fazemos alguma coisa errada, certamente seremos punidos. Esse é o famoso ensino. Baldad expõe uma versão da lei natural: sem água, as plantas não crescem. Tão certo como as leis naturais, quando um homem peca ele é punido, mas quando é bom, é recompensado. À primeira vista, parece que esse discurso faz sentido. É o que muitas teologias dizem sobre Deus. Contudo, não são as leis naturais que governam nosso relacionamento com Ele.

Baldad pode ser considerado um dogmático por excelência e, quem sabe, poderíamos hoje estereotipá-lo como um "fundamentalista". Ele se recusa a repensar a tradição – supostamente verdadeira – e que foi expressa em fórmulas de uma cultura agora distante. É um professor desprovido de carisma!

2.3 Teologia como defesa de privilégios

Com a entrada de Sofar em cena, deparamo-nos com uma construção teológica em que a religião protege os privilegiados. À primeira vista, parece ser uma coisa excelente. Quem não deseja a sabedoria? Acontece, porém, que se tratava de uma sabedoria que somente uns poucos privilegiados tinham e a mantinham em segredo. E porque era só deles, faziam questão de que o ser humano comum fosse mantido afastado dela e vivesse na ignorância para, cada vez mais, serem totalmente dependentes deles, os sábios, que assim podiam adquirir uma fama cada vez maior. Todavia, estamos diante de um tipo de sabedoria que não liberta, na verdade, aprisiona!

Manipula-se pela ausência do conhecimento. Usa-se a teologia como negação do diálogo e, portanto, como negação do encontro dos homens para a tarefa comum de interpretar, construir e reconstruir criativamente seu mundo. Freire (1988, p. 80) nos ajuda a entender essa relação por meio de um conjunto de perguntas:

> Como posso dialogar, se alieno a ignorância, isto é, se a vejo sempre no outro, nunca em mim? Como posso dialogar, se me admito como um homem diferente, virtuoso por herança, diante dos outros, meros "isto", em quem não reconheço outros eus? Como posso dialogar, se me sinto participante de um gueto de homens puros, donos da verdade e do saber, para quem todos os que estão fora são "essa gente"? Como posso dialogar, se parto de que a pronúncia do mundo é tarefa de homens seletos e que a presença das massas na história é sinal de sua deterioração que devo evitar? Como posso dialogar, se me fecho à contribuição dos outros, que jamais reconheço, e até me sinto ofendido com ela?

Essa é uma realidade em que vigora a ausência do diálogo. Contudo, é necessário salientar que sem diálogo não há teologia e que a autossuficiência é incompatível com o diálogo teológico. Muitas vezes nos sujeitamos ou ainda sujeitamos os fiéis com um tipo de discurso teológico baseado no "eu penso por você". No livro 1984, Orwell interpreta muito bem essa realidade. Na obra, o Estado controlava o pensamento dos cidadãos, entre outros meios, pela manipulação da língua. Os especialistas do Ministério da Verdade criaram a Novilíngua, uma língua ainda em construção, que quando estivesse finalmente completa impediria a expressão de qualquer opinião contrária ao regime. Uma das mais curiosas palavras da Novilíngua é a palavra duplipensar, que correspondia a um conceito segundo o qual era possível ao indivíduo conviver simultaneamente com duas crenças diametralmente opostas e aceitar ambas. O objetivo da implantação do novo idioma era reduzir o vocabulário ao extremo para diminuir a capacidade de pensamento, tornando as pessoas vulneráveis ao Partido. A eliminação de sinônimos e a fusão de palavras tornavam a relativização impossível. As novas palavras que eram criadas tinham a intenção de tornar várias outras obsoletas. A cada edição do dicionário de Novilíngua menos vocabulários estavam presentes. Assim, o duplipensamento ficava mais fácil de ser absorvido e as pessoas, de serem controladas.

Em uma situação em que a realidade e a sociedade são percebidas como sagradas, consequentemente, sua ordem não pode ser alterada, questionada, ou sequer modificada. Para aquele que representa o derrotado – como Jó –, é uma verdadeira ameaça romper com o marco de referência da sociedade, porque a ruptura com os valores preestabelecidos implica uma reformulação radical de sua maneira de se situar no mundo. O discurso de Sofar demonstra, na verdade, o caráter patológico de sua teologia, que desumaniza os que viviam na periferia do mundo. De um lado encontramos Sofar, como representante daqueles que tudo sabem, tudo ensinam e tudo interpretam, e do outro, os periféricos – representados por Jó – que nada sabem, nada produzem e tudo recebem. Contudo, tal patologia nega a vocação ontológica de cada ser humano; nega seu direito a ser participante, e não mero expectador da história. Trata-se de uma teologia que fala de liberdade com o objetivo de sufocar o discurso que vem da periferia. Muitas vezes a utilização do controle do saber e da informação é um dos melhores instrumentos que os líderes religiosos incorporam a fim de manipular seu grupo religioso. Novamente, uma pergunta se faz necessária: será que acreditamos em nossa própria catequese?

Se Jó se dispusesse, apesar de tudo, a pertencer a esse grupo religioso altamente privilegiado, até os seus sofrimentos acabariam: "Se ensinasse a você os segredos da sabedoria, que são tão difíceis de entender, então você saberia que Deus perdoa parte de sua culpa" (Jó 11,6). Mas Jó recusa essa proposta e usa de ironia ao dizer a Sofar: "Realmente sois a voz do povo" (Jó 12,1).

Sofar deixa de olhar com atenção para o conceito de justiça, um tema muito desenvolvido pela pregação dos profetas de Israel. No discurso teológico dos profetas, o destino dos pobres é a chave para a justiça de uma sociedade. Até mesmo as leis a respeito da terra e da colheita eram elaboradas para a proteção dos pobres (Levítico 25; Deuteronômio 23,24ss). Tipicamente, no Antigo Testamento, os pobres são os órfãos, as viúvas e os estrangeiros. Entende-se, consequentemente, que seus inimigos naturais são os poderosos que são movidos pela cobiça. Javé demonstra sua justiça ao defender os pobres da cobiça dos poderosos (Salmos 82,3-4).

Na cosmovisão dos israelitas, percebia-se uma inimizade potencial e muito perigosa dos ricos em relação aos pobres. Javé, nessa situação de conflito, por não fazer acepção de pessoas, toma partido dos pobres (Deuteronômio 10,16-19). Não por acaso, Jó faz uso do conceito de Goel: "Eu sei que o meu redentor [*goel*] está vivo, e que no fim se levantará acima do pó" (Jó 19,25). Mas qual o significado de *goel*? O termo é usado no hebraico bíblico principalmente no âmbito legal. Segundo o Código de Santidade (Levítico 17-26), a terra deveria ser distribuída perpetuamente entre as famílias de Israel. Mas se um homem de Israel incorresse em dívidas que não pudesse pagar, e se lhe tomassem a terra para cobri-las, o parente mais próximo se convertia em *goel*/redentor. Com a responsabilidade de redimir a terra, ele pagava para que não caísse em mãos estranhas à família. No livro de Rute é narrado um caso em que essa lei é aplicada, quando Booz redime a dívida de seu parente

Elimelec, que havia morrido. Deste contexto legal a palavra *goel* passa à linguagem da oração em um sentido de libertação. Uma libertação que o suplicante espera da intervenção de Deus diante de seu inimigo (Salmos 69,18; 78,35). Várias vezes o temor redentor é aplicado a Javé por sua façanha de libertar Israel da escravidão egípcia. O segundo Isaías aplica o epíteto redentor várias vezes a Javé (Isaías 43,14; 44,6; 47,4). Goel, a partir daí, torna-se o defensor em justiça, aquele que reivindica o direito dos oprimidos (Provérbios 23,10-11). O uso da palavra por parte de Jó parece indicar que ele fazia parte do grupo dos camponeses praticantes desses costumes. Eles procuravam se ajudar comunitariamente. Contudo, esse estilo de vida estava perdendo a sua força. A injustiça crescia, a pobreza avançava, eles não podiam mais manter essas práticas e esperar que, por meio delas, fossem salvos da miséria.

Da aplicação frequente do título de redentor a Deus, tanto nos Salmos quanto no segundo Isaías, poderíamos pensar que neste texto Jó também se refere a Deus. Mas não! O contexto o exclui. Nesse mesmo discurso, ou seja, Jó 19,11, Jó diz que Deus é o seu inimigo. Assim, a expressão se insere na série de textos em que fala de seu mediador celestial. Anteriormente, havia afirmado sua confiança na existência de uma testemunha na corte celestial que lhe serviria de intérprete. É esse personagem guardião de Jó que ele mesmo chama em nosso texto de seu redentor/goel. Elifaz havia negado a existência de tal personagem em Jó 5,1, mas agora, diante do abandono de seus amigos, ele se sente seguro de que esse redentor realmente existe.

2.4 A surdez da teologia

A teologia apresentada por Eliú também não protege o ser humano; ao contrário, prejudica-o. Para Eliú, Deus não somente envia revelações em sonhos noturnos para fazê-lo sentir-se mortal, mas se serve também do sofrimento físico para corrigir o homem que esquece a sua finitude, ou seja, seus limites. Vejam como a forte expressão que Eliú deseja colocar nos lábios de Jó – "Eu tinha pecado e violado o direito" (Jó 33,27) – pode nos revelar sua teologia envelhecida. A ligação da doença com o pecado já permite pressentir o tom do ensinamento que Eliú deseja comunicar; ensinamento que Jó já havia ouvido exaustivamente dos outros três amigos.

O único recurso de Jó seria confessar seus pecados e arrepender-se deles. Esse é o conselho convencional da tradição religiosa que sempre estabelece a justiça de Deus e a injustiça humana quando acontecem casos de conflito. Eliú também não está interessado em investigar o passado de Jó. Para ele, está claro que Jó é identificado com os homens iníquos e rebeldes que desprezam o governo de Deus, como alguém perigoso que deve ser excluído do círculo de amizade, alguém que semeia dúvida e multiplica protestos. A teologia oficial, para Eliú e os "amigos", não tolera perguntas ou questionamento. Nela, não há espaço para a dúvida, pois se apresenta sempre como absoluta e perfeita.

Assim, Eliú indica que a boa teologia é aquela seguida sem questionamentos. Portanto, o veredicto dos sábios (Jó 33,33) não poderia ser outro: Jó fala sem conhecimento. Eliú gaba-se de proferir palavras de conhecimento – "Falo de coração sincero, e os meus lábios falarão claramente" (Jó 33,3) – e o próprio Elifaz anteriormente insinuava que Jó somente respondia com "doutrinas falsas" (Jó 15,2). O que acontece é que Jó – através de sua experiência – semeava a dúvida no meio de sábios seguros demais da solidez da sua teologia. Jó estava abalando as certezas dos teólogos do sistema estabelecido, que recusavam se deixar questionar pelos desafios da vida. Na verdade, a vida pouco lhes importava, conquanto pudessem ser iluminados pela teologia que sustentava sua indiferença diante da dor daqueles que sofriam. Contudo, teologia alguma pode nos tornar indiferentes diante da dor de homens e mulheres, sob o risco de se tornar uma antiteologia.

Eliú não tem escrúpulos ao afirmar que os oprimidos não são ouvidos porque não dirigem os seus gritos ao Deus que os criou. É uma teologia cínica que testemunha uma grande indiferença pelo ser humano vulnerável, a começar por Jó. Ao ser tratado como insensato, ele representa todas as pessoas que são desqualificadas e desvalorizadas por uma teologia que, ao invés de libertar o ser humano, aprisiona-o. O argumento teológico de Eliú é insistente. A dor é enviada por Deus para chamar a atenção do pecador com o objetivo de que se converta e desfrute de bem-estar. A aplicação ao caso de Jó é óbvia: Jó se converteu em um pecador renitente ao recusar o chamado de atenção com a qual Deus pretende salvá-lo de sua má conduta. Eliú não aceita a experiência de Jó como evidência contrária. Deus, como a autoridade suprema, faz o bem, e se castiga é porque necessariamente deve haver um motivo. Se Deus envia a aflição, é para dar a conhecer a sua maldade, para correção daqueles que se perderam pelo caminho, a fim de que o pecador se converta de sua iniquidade.

Do alto de sua segurança, Eliú se permite dizer a Jó que sua aflição é como uma advertência provinda da bondade de um Deus que é muito generoso na sua pedagogia. Enquanto os três amigos de Jó afirmavam que o sofrimento era simplesmente o castigo do pecado, Eliú insiste em mostrar e defender o caráter disciplinar e educador da aflição. O sofrimento teria um caráter pedagógico! Penso que pastoralmente não podemos dizer a uma pessoa que Deus tem suas razões para lhe enviar um terrível destino, ou que Deus, por amá-lo de uma maneira muito especial ou de admirar sua coragem, quis colocá-lo à prova daquele modo.

Os três amigos falavam que Deus fazia os injustos sofrerem e que a doença ou a opressão era um sinal da injustiça deles. Eliú, ao contrário, diz que Deus usa da pedagogia do sofrimento também para os justos. Ou seja, Deus é quem faz o justo sofrer. Mas uma pergunta deveria inquietar as mentes do leitor moderno: a quem interessa esse tipo de teologia? A resposta não poderia ser outra: interessa a todos os grupos políticos, religiosos, econômicos, etc. que desejam pessoas diante de si mansas, honestas, bem comportadas, respeitosas, educadas, que se submetam a tudo e a todos, sem se revoltarem contra a injustiça e, principalmente, sem exigiram os próprios direitos. O problema dessa linha de raciocínio é que ela não ajuda a quem sofre, muito menos explica seu sofrimento. Ela se preocupa em primeiro lugar com a defesa de Deus, por meio de palavras e ideias que transformam o mal em bem, e a dor em privilégio. Uma teologia vazia. Uma teologia que mostra que os amigos criam mais no discurso teológico deles do que no próprio Deus.

A teologia da retribuição está assumindo a sua forma e assim permanecerá durante o desenrolar de todo o livro de Jó. O homem pode, sim, ser conduzido a agir por interesse: se ele faz o bem, recebe a felicidade; se pratica o mal, recebe a infelicidade. Assim, a vida de fé fica a um passo de se transformar em uma relação comercial. A consagrada expressão brasileira do "toma lá, dá cá" se encaixaria perfeitamente nessa situação.

De um lado, a letra fria da doutrina e, de outro, a experiência cotidiana da dor, da calamidade e da derrota. Jó, a partir de sua experiência, quer enfatizar que os seus amigos não têm o que falar porque não estão passando pela duríssima experiência de sofrimento pela qual ele está passando. Se ele está gritando de dor física, mental e moral, é porque está sofrendo agonicamente. Contra a teologia da retribuição, possui um único argumento: sua experiência pessoal e sua observação da história, na qual a injustiça permanece impune. Sua observação e intuição são corretas: existem somente homens situados no espaço e no tempo, no sentido de que vivem em uma época precisa, em um contexto social, cultural e econômico preciso. Consequentemente, a teologia, para ser válida e eficaz , deveria levar em consideração a vocação ontológica do homem – vocação para ser sujeito – e as condições nas quais eles vivem. Mais do que isso, Jó, em sua teologia, procura mostrar que, para ser realmente válido, o discurso sobre Deus deve ajudar o ser humano a se estabelecer como sujeito.

Mas Jó não é um homem insensato incapaz de entendimento, como desejam seus "amigos". Magoados e incomodados pelo desafio de Jó ao seu conceito de teologia e de religião, transformam-se de consoladores em teólogos rabugentos, cada um mais áspero que seu predecessor. Vejamos um resumo de seus discursos:

- Elifaz sugere que Jó é um pecador;
- Baldad diz abertamente que seus filhos morreram por seus pecados;
- c) Sofar assegura a Jó que seu sofrimento é menor do que ele merece;
- d) Eliú afirma que o sofrimento tem um caráter pedagógico.

Todos eles, sem exceção, representam perfeitamente o modo mais comum de se mascarar a verdadeira fé bíblica por meio da ideologia, da ortodoxia e do heroísmo convencional.

2.5 Teologia em defesa da vida

Tenho a ligeira impressão de que o mundo não tem espaço para discutir a pobreza, o sofrimento, ou a finitude humana. É como se nossa cultura não pudesse suportar alguém triste, pobre e derrotado. Uma das razões para a instalação dessa situação talvez seja o fato de que temos um grande problema diante de nós: não sabemos conciliar o provisório com o definitivo. Vivemos como se fôssemos eternos num mundo provisório. Nada mais errôneo. Somos, sem qualquer sombra de exceção, absolutamente provisórios. Nesse contexto, a sociedade acaba produzindo uma "espetacularização" do sofrimento. Devemos notar que o sofrimento e a pobreza são uma construção histórica e social. Se negamos o sofrimento e a pobreza, corremos o risco de negar a história e a própria sociedade em que vivemos.

Jó demonstra sua completa vulnerabilidade. Ele é humano e, por isso, sofre. Seu corpo não é de bronze e sua força não é comparável à das pedras. Ele não é feito de aço para continuar a suportar seu sofrimento. Está completamente desapontado por seus amigos o terem abandonado e porque a teologia pregada impede a ação solidária e pastoral. Expõe, assim, toda sua fraqueza diante da dor que não o deixa nem de dia, nem de noite. Talvez seja exatamente isso que incomoda muitas teologias. É incômodo, de fato, o discurso que nos mostra como fracos numa sociedade que estimula as relações de vitória a partir da competitividade.

O discurso teológico de seus amigos está carregado de sentimentos de excomunhão. Ao olharem para Jó, não é o sentimento de solidariedade e de compaixão que vem à tona, mas sim o de medo e excomunhão. Contudo, essa é uma posição muito cômoda porque, nesse caso, não se deve fazer absolutamente nada; o outro é que deve mudar de comportamento. Se a experiência de Jó nos chama para nela nos incluirmos, o discurso dos amigos procura o caminho oposto. Suas palavras não atingem o coração do problema, ou seja, o coração da dor de Jó. Mas não se trata de simples incompreensão. Na verdade, eles desejam permanecer tranquilos em sua fé, em seu Deus e em sua teologia. Desejam apenas salvar suas concepções tradicionais, isto é, o horizonte mental no qual se acostumaram a viver.

Pode-se dizer que a teologia dos amigos de Jó é refém do próprio medo. Uma teologia que não é capaz de romper com seus limites dogmáticos e caminhar em direção daquele que sofre. Mas para que serve uma teologia se ela negar ao ser humano o braço estendido da compaixão? Uma teologia que não estabelece laços de ternura, fraternidade e de comunidade não pode ser um discurso a partir de Deus, mas sim sua completa e mais pura negação.

A antiteologia faz surgir o sentimento de culpa. Assim, uma enorme confusão existencial poderia envolver Jó. Nessa antiteologia, o Deus criador se transforma em alguém tão obcecado pelo pecado que teria como principal tarefa a de caçar o ser humano como se fosse um leão. No entanto, não há absolutamente nenhuma justificativa para que um ser humano seja privado do essencial para viver com dignidade, nem para que seus direitos mais fundamentais sejam desrespeitados. A antiteologia, porém, deseja que, além de entrar em processo de desumanização, o ser humano ainda viva com um profundo sentimento de culpa. Nas palavras de Gutierrez (1986, p. 13):

> O sofrimento e os seus efeitos destrutivos sobre os indivíduos vão muito além do que é visto e percebido em um primeiro contato com o mundo dos pobres. Em tal situação, que conteúdo pode ser atribuído à "Abba, Pai!". Como podemos proclamar um reino de amor e de justiça para aqueles que vivem em uma situação inexplicável que nega este reino? Como podemos dar uma alegre convicção à nossa declaração do nome de Deus?

Jó mostra indignação. Seus amigos pedem que se submeta a Deus, sem ao menos perguntar quais as razões do castigo. Isto soaria como um desprezo a sua própria integridade. Mas seria possível a fé sem perguntas? Chega de discursos, diz Jó! Os amigos se protegiam da ação solidária a partir da construção de discursos falsos e alienantes. Do que vale um belo discurso se não for acompanhado de uma prática solidária? Mas seus amigos – para defender a teologia oficial – estão decididos a encontrar em Jó alguma situação de pecado, mesmo que seja necessário virá-lo do avesso.

Quanto mais Jó aprofunda sua experiência, mais acelera os passos que o levam para mais distante da teologia vazia de seus amigos. Ao aprofundar sua experiência, Jó percebe que a pobreza e o sofrimento são maiores do que ele mesmo. Mas para ele, essa pobreza e sofrimento não são somente elementos providenciados pelo destino, mas causados e facilitados pelos malvados que, apesar disso, vivem serenos e satisfeitos. Eles são os mesmos que dizem a Deus: "vá embora". Os malvados são aqueles que rejeitam a Deus e são inimigos dos pobres.

Tudo isso leva o autor do livro a colocar na boca de Jó a descrição mais cruel e radical da miséria do pobre já encontrada na Bíblia (capítulo 24), bem como uma acusação áspera dirigida ao poderoso que rouba e oprime o pobre. O Deus descrito pelos amigos não corresponde ao Deus que Jó descobre e se liga cada vez mais. Os amigos estavam tão preocupados em defender a tese básica da teologia tradicional da retribuição que não prestaram atenção ao apelo de Jó. A preocupação em defender seus próprios interesses não lhes permitiu se deixarem questionar pela experiência de Jó.

Contudo, Jó inverte a maneira de abordar o tema a partir de uma nova chave hermenêutica – não apela ao testemunho dos sábios da antiguidade como faziam seus amigos, mas traz para dentro da discussão, como evidência, a experiência dos viajantes:

> Por que vocês não fazem perguntas aos viajantes e não acreditam no que eles dizem? O perverso é poupado no dia da catástrofe, e no dia da ira consegue escapar. Quem vai reprovar a conduta dele? Quem vai pedir contas do que ele fez? Ele será solenemente acompanhado à sepultura, montarão guarda no seu túmulo (Jó 21,29-32).

Os viajantes testemunham que o injusto prospera e é enterrado em meio à grande pompa. Contrariamente à teologia propagada pelos amigos, os ímpios têm vida longa e próspera, cercados pelas brincadeiras de seus filhos, e morrem sem aflições – palavras que contradizem, de certa forma, ao próprio Elifaz, quando disse: "Eis a minha experiência: aqueles que cultivam a iniquidade e semeiam a miséria são também os que a colhem" (Jó 4,8).

A descrição proposta por Jó do destino do injusto está em franca contradição com as descrições de seus amigos em seus respectivos discursos. Baldad assim se expressou: "não terá filho nem neto em seu povo, nem quem o suceda em sua casa" (Jó 18,19), mas Jó apresenta outra visão: "sua descendência cresce diante de seus olhos" (Jó 21,8). Sofar havia afirmado que a alegria do injusto é breve e rapidamente será cortada (Jó 20,4-9). A isso, Baldad acrescentou que a enfermidade consumirá o injusto até que a morte o devore (Jó 18,12-14). Jó, porém, percebe que o injusto passa seus dias em prosperidade e desce em paz para uma boa morte: "Suas vidas transcorrem docemente, e eles descem tranquilos à sepultura" (Jó 21,13). Elifaz e Baldad falam da precariedade das casas dos injustos (Jó 15,28-30; 18,15), enquanto Jó vê que suas casas são seguras: "Suas casas são tranquilas e sem temor; o bastão de Deus não os atinge" (Jó 21,9).

A ousadia de Jó consiste em aplicar aos injustos a descrição da felicidade do justo. Ele recusa a maneira de se fazer teologia com a ausência de uma relação intrínseca com situações concretas, com o sofrimento e as esperanças dos seres humanos. Recusa um fazer teológico que esquece do amor gratuito e da compaixão ilimitada de Deus. Diante da teologia abstrata dos amigos, Jó insere em seus discursos teológicos a realidade de dor e sofrimento que atinge os pobres.

Pode-se dizer que o ponto de partida da teologia dos amigos é distinto do ponto de partida de Jó. Os amigos aceitam o que os anciãos haviam ensinado e, consequentemente, não podem admitir que Deus cometa alguma injustiça: "Pode Deus torcer o direito? Pode o Todo-Poderoso perverter a justiça?" (Jó 8,3). Assim, toda evidência contrária precisa ser somente aparente. Jó, ao contrário, parte de sua própria experiência e dos relatos dos viajantes e a entende como uma grande injustiça. Se o testemunho dos viajantes é válido, todo o esquema de argumentação e fundamentação proposto pelos amigos sobre o destino do injusto é absolutamente falso. Deus não o castiga!

Os amigos partem do caso particular de Jó para as condições gerais da humanidade e voltam. Mas nos discursos de Jó, o infortúnio particular governa sua visão do geral; seu sofrimento imerecido abre-lhe os olhos à injustiça patente na sociedade. Nos discursos dos amigos, por outro lado, a teologia oficial da retribuição governa o julgamento deles sobre o caso de Jó: ele deve necessariamente ser mau para se enquadrar no esquema que eles têm das coisas. Os amigos possuem um esquema teológico preconcebido e, por conta disso, basta encaixar as peças como se fosse um grande quebra-cabeça. Uma teologia que não está destinada a oferecer surpresas! As generalidades de Jó, empiricamente baseadas, refletem a realidade; mas a percepção que os amigos têm do particular era tão fictícia quanto a teologia geral de onde ela derivava.

Jó condena até o fim o discurso teológico dos amigos, acusando-os de um consolo vazio e falso. A necessidade de proteger a religião e o bom nome de Deus (Jó 15,4; 8,3; 4,17) os transformou em traidores de seu amigo. Depois de ter refutado um por um os argumentos dos amigos, Jó exclama: "E vocês me querem consolar com banalidades?" (Jó 21,34). A palavra *hevel*, utilizada nesse verso, significa sopro, vazio. Representa o sopro do ar, algo tão inconsistente como a neblina da manhã que o sol derrete, como o floco de nuvem levado pelo vento ou ainda como a gota de orvalho que se evapora pela manhã às primeiras ondas de calor. Uma palavra que marca a natureza das consolações e da teologia oferecidas pelos amigos. Depois de escutar os discursos dos amigos, Jó está convencido de que está diante de uma teologia com uma falsa aparência de sólida, que se beneficia de todo o peso da tradição, mas que, quando confrontada com a experiência da vida, fica reduzida ao sopro e à vaidade do nada e do engano. Palavras banais servem de consolação?

Num texto de clara inspiração profética, Jó apresenta uma lista de fatos que vão contra a justiça e que Deus, de uma maneira ou de outra, deve conhecer e rejeitar: roubo da propriedade e do gado; o ladrão que ataca os órfãos e as viúvas e a dura descrição da condição dos pobres.

Essa lista dos atos de opressão social é apresentada como uma violação clara do Código da Aliança de Israel, tantas vezes denunciada pelos profetas: a miséria do pobre que não tem onde se abrigar diante da ação devastadora do tempo, o trabalhador que vive pisando as uvas, porém não tem com que amenizar a sua sede, o opressor que faz o pobre andar sem vestes e os homens famintos carregar lenha. Ou seja, o trabalhador do campo colhe o grão, porém não tem o que comer, assim como o trabalhador do lagar que pisa a uva não tem o que beber.

A descrição do destino do injusto, nos mesmos termos da sabedoria dos antigos da qual os amigos de Jó tanto gostavam, não cabe no discurso de Jó, quando ele afirma com insistência que os injustos oprimem os fracos e Deus não faz absolutamente nada. Depois de ter descrito o que acontece no campo, Jó começa a mostrar que a situação não é mais favorável nas cidades. "Na cidade os moribundos gemem", o que demonstra uma situação toda particular e angustiante. A situação é terrível e se torna pior ainda porque Deus não ouve a oração. Deus fica surdo ao apelo das vítimas com as quais Jó se faz solidário. Diante dessa situação, Jó conclui que Deus não intervém na história dos homens como deveria para endireitar os crimes dos seres humanos. Vale a pena transcrever integralmente um texto bíblico que, segundo Gutierrez (1986, p. 33), representa uma descrição rica em detalhes e mostra cuidadosa atenção à situação concreta do pobre. É importante chamar a atenção para o fato de que a pobreza é descrita não como resultado das forças do destino ou de causas inexplicáveis; na verdade, os responsáveis por ela são nomeados sem piedade. Jó descreve um estado das coisas causado pela maldade daqueles que exploram e roubam o pobre:

> Os injustos mudam as fronteiras, roubam rebanhos e os levam a pastar. Apoderam-se do jumento que pertence ao órfão, e penhoram o boi que é da viúva. Empurram os indigentes para fora do caminho, e os pobres da terra têm que se esconder. Como asnos do deserto, saem para trabalhar: desde a madrugada vão em busca de alimentos, e até a tarde procuram o pão para seus filhos. Fazem colheita em campo alheio, e catam os restos na vinha do injusto. Passam a noite nus, sem

> roupa para se protegerem do frio. Ensopados com as chuvas das montanhas, sem abrigo, eles se apertam entre as rochas. Os injustos arrancam o órfão do peito materno, e penhoram a roupa do pobre. Estes andam nus por falta de roupa, e famintos carregam feixes. Espremem azeite no moinho e, sedentos, pisam a uva nos tanques. Na cidade os moribundos gemem, e os feridos pedem socorro. E Deus não faz caso da súplica deles. Outros são rebeldes à luz, não conhecem os caminhos de Deus, nem frequentam suas estradas. De madrugada, o assassino se levanta para matar o pobre e o indigente. Durante a noite, o ladrão ronda, cobrindo o rosto com uma máscara (Jó 24,2-14).

Jó fala em nome daqueles que são vítimas da sociedade. Os sofredores não são vagabundos e preguiçosos, gente que não quer trabalhar, como muitos pensam precipitadamente. Ao contrário, são pobres porque trabalham. São pessoas que trabalham e se esforçam para garantir a sua subsistência. Trabalham em meio à abundância de seus patrões, mas, mesmo assim, sofrem porque não têm o que comer, vestir, nem onde morar. Na época de Jó, a pobreza e a miséria eram fruto de dupla tributação interna e externa, como visto anteriormente.

As vítimas da injustiça são os órfãos, a viúva, os pobres, os nus e os famintos. Há no livro de Jó, como em todo o Antigo Testamento, uma consciência social que muitos leitores modernos não têm. Deus é o salvador dos pobres, porque os ricos e poderosos não necessitam de salvação, uma vez que já possuem tudo quanto precisam para viver. John F. Alexander (1975, p. 57) observou que "os órfãos, as viúvas e os estrangeiros, cada um tem cerca de quarenta versos que lhes reclamam justiça. Deus deseja deixar muito claro que, em um sentido especial, ele é o protetor destas pessoas fracas". Na verdade, enquanto são expulsos das ruas, os pobres, simultaneamente, também são banidos da comunidade reconhecidamente humana. E, a partir do momento que são enviados a viver na periferia da vida, passam a ser retratados como desleixados, pecaminosos e destituídos de padrões morais. E, dessa forma, legitima-se a exclusão e a necessidade de se manter afastados todos aqueles que, de alguma maneira, poderiam contaminar a pureza do ambiente.

A diferença entre Jó e o discurso de seus amigos conselheiros é que eles exigem do universo claridade e ordem. Eles querem prever o que Deus vai fazer. Jó, por sua vez, quer ver a Deus. Os amigos querem preservar um mundo de ideias corretas e coerentes, enquanto Jó quer preservar seu relacionamento com Deus. Eles querem preservar sua teologia a qualquer custo, mas Jó quer preservar sua integridade como ser humano. Vemos nos diálogos de Elifaz, Baldad, Zofar e Eliú que eles constante e insistentemente falam "sobre" Deus. Mas é somente nos discursos teológicos de Jó que encontramos alguém falando "para" Deus. Em meio à sua intensa dor e depressão – ele está à beira do desespero, se não estiver realmente desesperado – por todo o livro, Jó abre caminho para se dirigir a Deus.

Javé está dizendo a Jó que neste mundo não reina a perfeita justiça. Há soberbos e injustos que prosperam, tal como Jó denunciou em seus discursos. Mas Javé também diz que, se Jó puder governar melhor o mundo, com todo prazer Ele lhe ofereceria a tarefa. Num primeiro nível de ironia, é óbvio que Jó, um mero ser humano, não poderia governar o mundo. No entanto, o segundo nível de ironia é mais intenso. Nele, encontramos estabelecida a tragédia de que nem Javé poderia fazê-lo da maneira como Jó exigia, ou seja, com justiça perfeita. O livro de Jó parece romper com qualquer concepção de harmonia na criação. A criação é um espaço de conflito e de complexidade e, por isso, não está isenta ou imune a forças adversas. Por isso, uma pergunta se faz fundamental: por que não conseguimos aceitar o fato de que esta vida é imperfeita? Dizer que tudo funciona bem no mundo criado por Deus pode ser reconfortante para o espectador casual, mas representa um verdadeiro insulto para quem está desolado e infeliz. Certamente que uma expressão como "coragem, amigo, nada acontece a ninguém sem que tenha de acontecer" não é uma mensagem muito animadora para alguém em condição de sofrimento e de derrota. A grande lição da resposta de Deus em seu discurso é que ele pede que a justiça seja entendida, não como castigo para os maus e prêmio para os bons, mas como busca comunitária de uma vida melhor e dentro da mais ampla liberdade para todos.

Jó não havia compreendido ainda as implicações da historicidade de Javé. Um Deus histórico em um mundo histórico não pode superar a necessidade de optar entre as alternativas reais que o presente estabelece; alternativas que nem sempre incluem uma opção de justiça perfeita. Jó percebe que no mundo histórico as alternativas não se apresentam sempre como sim e não. Por isso, ser pessoa é aceitar as condições históricas que às vezes não parecem aceitáveis, ou ao menos aceitá-las como pontos de partida. Enfrentando-as, lutaremos para transformá-las em algo melhor. A novidade do aprendizado de Jó pode ser assim descrita: a busca de uma justiça completa em um mundo onde nem tudo é justificável trata-se de um puro erro. É, pois, desse erro que Jó se arrepende.

Os discursos de Jó reprovam contundentemente o comportamento dos amigos e seu discurso teológico. As respostas que os amigos dão estão fora de lugar. Eles estão deslocados teológica e sociologicamente. Tentam obrigar Jó a renegar sua própria existência. Mas, na verdade, as respostas dadas pela teologia dos amigos de Jó são as respostas que os ricos dão aos pobres e os saudáveis aos enfermos. Por isso, nos muitos discursos teológicos de seus amigos, Jó não vê progresso algum. A teologia oficial – representada por seus amigos – não se apresenta com novas ideias. Por isso, Jó questiona os fundamentos da teologia predominante. Contudo, ao questionar a teologia oficial ou dominante, nunca declara que Deus é injusto!

É interessante observar que o autor do texto e o próprio Deus concordam desde o início que Jó é uma pessoa temente a Deus:

> Não haveis falado de mim o que é correto, como meu servo Jó (Jó 42).

O problema pessoal de Jó é completamente ignorado. Nada se diz a respeito de culpa; nada se diz sobre inocência ou a respeito do significado do sofrimento. Deus não dá respostas. Isso talvez aconteça porque Deus é a integridade de Jó. Talvez Jó represente uma imagem da verdadeira iluminação. Ele não possui Deus como um produto ou um bem adquirido, mas Deus o possui.

Quando recordamos o que Jó e seus amigos diziam a respeito de Deus, vemos que as palavras de Javé a Elifaz são uma verdadeira confissão de culpa. Afinal, Jó havia falado que Deus o perseguia sem misericórdia e sem razão. Também havia afirmado que a sorte do justo era igual à do injusto. E seus amigos, por sua vez, defendiam a divina providência, assegurando que o injusto sofria um merecido castigo através das mãos do juiz do universo. Mas agora Javé fala a Elifaz, em apoio a Jó no debate! Somente resta a Javé fazer justiça a Jó diante de seus piedosos e falsos amigos. Deus não poderia desfazer o mal histórico que produziu sua pequena contenda com Satã, porém poderia ao menos deixar as coisas claras entre Jó e seus amigos. Os defensores de Deus são desqualificados pelo próprio Deus e Jó, o crítico da ordem sapiencial, da ordem tradicional e da antiteologia, é aprovado!

Javé não dá a Jó uma estratégia ou um padrão, mas simplesmente uma promessa: "Eu estou com você". Deus é solidário com Jó, ao contrário da teologia de seus amigos que impedia qualquer agir solidário. A teologia que impede a ação solidária se apresenta como uma antiteologia porque nega o exemplo do próprio Deus. A Bíblia instrui claramente seus fiéis a imitarem a preocupação de Deus pelo pobre e oprimido. Javé frequentemente lembra os Israelitas da opressão que sofreram no Egito quando exige que eles cuidem do pobre. "A preocupação de Deus com os escravos hebreus na escravidão egípcia é um modelo a ser imitado" (Sider, 1997, p. 57).

Jó poderia muito bem ter se expressado a partir das palavras a seguir, escritas por um judeu antes de morrer, em 1943, na resistência do gueto de Varsóvia e preservadas dentro de uma garrafa no meio dos escombros:

> Eu me orgulho por ser um judeu, porque ser judeu é coisa dura e terrível. No mundo está acontecendo algo de tremendo: é o tempo no qual o Todo-Poderoso dá as costas a quem o suplica. Deus escondeu o seu rosto e, por isso, os homens estão desabafando suas paixões selvagens. E é natural que, quando dominam no mundo estas paixões, as primeiras vítimas sejam aqueles nos quais o divino e o puro permaneceram vivos. Isso pode ser triste, mas a sorte do nosso povo é marcada não por leis terrenas, mas por leis sobrenaturais, e quem compromete

sua fé nestes acontecimentos deve enxergar somente uma parte da grande ação de Deus, frente à qual as tragédias humanas não têm importância. Sendo assim, eu não espero um milagre e não rogo a Deus para que me poupe. Pode me mostrar a mesma indiferença que mostrou a milhões de outros do meu povo: eu não sou uma exceção à regra e não espero que me trate com privilégios. Não procurarei me salvar, não procurarei fugir. Estou para derramar gasolina sobre minhas roupas: tenho somente três garrafas das muitas dúzias que joguei sobre criminosos e me agarro a elas como o beberrão faz com o vinho. Depois de derramar a última garrafa em minha roupa, colocarei esta carta na garrafa vazia e a esconderei entre os escombros. Se alguém a encontrar, talvez entenda os sentimentos de um judeu, de um entre os milhões de judeus que morreram. Tu, ó meu Deus, falas que pecamos. Certo, pecamos e admito que temos de ser castigados. Mas gostaria que tu me dissesses se existe na Terra um pecado que mereça tamanho castigo. Falo tudo isso, meu Deus, porque acredito agora mais do que antes, porque agora sei que tu és o meu Deus e não o Deus daqueles que são o fruto de sua militante impiedade. Eu não posso louvar-te pelos atos que tu toleras, mas te bendigo e te louvo pela tua majestade que inspira temor. A tua majestade deve ser realmente muito grande se tudo o que acontece não te impressiona. A morte já não pode esperar. Tenho que terminar de escrever. O tiroteio nos andares de cima diminui de minuto em minuto: estão caindo os últimos defensores de nosso refúgio e com eles cai a grande e bela Varsóvia judia que temia a Deus. O sol se põe e eu te agradeço, meu Deus, por não mais vê-lo levantar no horizonte. Raios vermelhos entram pela janela e o pedaço de céu que vejo parece estar em chamas, se parece com sangue. Daqui a uma hora, o mais tardar, estarei junto com minha esposa, meus filhos, com os milhões de filhos do meu povo, num mundo melhor, onde não existem dúvidas e onde Deus será o único Soberano. Segui a Deus mesmo quando ele me repelia para longe; observei seus mandamentos mesmo quando,

> como prêmio desta observância, ele me golpeava. Eu o amei. Fui e ainda sou apaixonado por Ele, mesmo quando me jogou, como um verme, no chão; mesmo quando me torturou até a morte reduzindo-me a um espetáculo de vergonha e zombaria. Tu podes me torturar até a morte, eu acreditarei sempre em Ti. Vou te amar sempre, apesar de Ti. E são estas minhas últimas palavras, ó meu Deus terrível: tu não vais conseguir fazer com que te renegue. Fizeste tudo para que eu duvidasse, mas eu morro do mesmo jeito que vivi: com uma fé inabalável em ti. Louvado seja por toda a eternidade o Deus dos mortos, o deus da justiça vingadora, o Deus da verdade e da fé, que logo mostrará de novo o seu rosto ao mundo, abalando seus fundamentos com voz todo-poderosa. Escuta Israel: o Eterno é nosso Deus, o Eterno é o único. Só ele existe.

Jó é uma história sem conclusão. Não há uma solução racional para o sofrimento de Jó, assim como não há uma solução racional para o sofrimento de milhões de pobres. A única solução possível acontecerá na história, com Deus e Jó participando juntos na transformação do mundo para que tais coisas não se repitam.

CAPÍTULO 3

Da Teologia da Prosperidade à *mcdonaldização* da teologia

Uma das possíveis expressões da teologia da retribuição em ambiente eclesiástico pós-moderno é a "teologia da prosperidade". Essa teologia declara que o plano de Deus para o ser humano é fazê-lo feliz, abençoado, saudável, próspero, enfim, uma pessoa de sucesso. A complexidade dessa afirmação reside no fato de que, para essa teologia, só não alcança esse estado quem não cumpre o que a Bíblia diz a respeito das promessas divinas e está envolvido com o diabo, ou seja, quem está em pecado.

Todavia, uma teologia que estabelece a prosperidade e a vitória como sinal irrefutável da presença de Deus numa sociedade marcada acentuadamente pela pobreza, sofrimento e derrota possui alguma relevância como discurso teológico para as igrejas, assim como para os mais diversos locais onde estão inseridas?

Um dos mais famosos pregadores dessa teologia afirmou que teve uma revelação (como não lembrar a experiência de Elifaz?) na qual Jesus lhe falou: "qualquer pessoa, em qualquer lugar, que der esses passos ou colocar em prática esses três princípios {diga, receba e conte}, essa pessoa sempre receberá o que quiser de Mim ou de Deus, o Pai" (Hagin, 1989, p. 35-36, 41). Essa situação me faz relembrar as palavras de Rees (*apud* Weaver, 2005, 104):

> Eu gostaria de comprar três libras de porções de Deus, por favor. Não o suficiente para explodir minha alma ou perturbar meu sono, mas é uma quantidade igual a uma xícara de leite morno ou a uma soneca ao sol. Eu não quero uma quantidade de Deus que me faça amar um homem negro ou colher beterrabas com um imigrante. Eu quero êxtase, não transformação; eu quero o calor do útero, não um novo nascimento. Eu quero uma porção do Eterno num saco de papel. Eu gostaria de comprar três libras de porções de Deus, por favor.

São propostas teológicas como essa que tornam tal modelo de pregação tão atraente, pois, segundo Proença (2003), elas elevam o fiel a uma condição dominante, na qual Deus tem a obrigação de lhe conceder a prosperidade. Nesse tipo de teologia, ao confrontar Deus e diminuir sua soberania, o fiel é que se apresenta como aquele que define qual a vontade de Deus, e não o contrário! Deus é visto como uma mercadoria e é procurado de acordo com os desejos do fiel.

Não se pode negar que o discurso da prosperidade é bem construído. Vejamos um trecho do discurso de Macedo (1973, p. 25, 85-86), que representa adequadamente a busca incessante do ser humano pelo "jardim das delícias" ou da "terra sem males":

> Ele (Jesus) desfez as barreiras que havia entre você e Deus e agora diz – volte para casa, para o Jardim da Abundância para o qual você foi criado, e viva a Vida Abundante que Deus amo-

> rosamente deseja para você [...] Deus deseja ser nosso sócio [...] As bases da nossa sociedade com Deus são as seguintes: o que nos pertence (nossa vida, nossa força, nosso dinheiro) passa a pertencer a ele; e o que é d'Ele (as bênçãos, a paz, a felicidade, a alegria e tudo de bom), passa a nos pertencer.

Mas que pessoa em sã consciência não gostaria de ter o próprio criador dos céus e da terra como seu sócio? Nessa relação de reciprocidade, como bem lembrado por Souza e Magalhães (2002), Deus fica na obrigação de cumprir todas as promessas contidas na Bíblia na vida do fiel. Deus torna-se prisioneiro e refém de sua própria palavra. Dessa maneira, o fiel passa a viver de acordo com o "evangelho segundo as suas predileções", ou seja, somente se apropria daqueles textos que eventualmente tratam de promessas e nunca daqueles textos que chamam para o discipulado. Trata-se da criação, em meio ao cristianismo contemporâneo, do que denomino de "quinto evangelho", ou seja, o evangelho segundo as predileções do leitor. Assim, cada leitor, a partir de sua leitura dos evangelhos e de seus próprios interesses, extrairia de sua leitura somente os versos que dizem respeito às promessas de Deus para ele, deixando de lado, naturalmente, todos os outros que dizem respeito ao seguimento, ao discipulado, à cruz. Neste ponto, uma citação de Moltmann (1999, p. 251-52) é essencial:

> A chamada multi-fé e sociedade multi-cultural nada mais é do que a sociedade do mercado total. Religiões e culturas estão em exposição nesse mercado, do mesmo modo que opções políticas, mercadorias e serviços. As religiões se tornaram serviços espirituais em oferta no supermercado religioso do mundo moderno. A liberdade religiosa individual certamente é uma poderosa proteção para a dignidade de cada ser humano. Porém, por causa do conceito típico ocidental da liberdade do consumidor, que pode escolher e dispor de tudo, esta mesma liberdade transformou religião em mercadoria, onde o cliente tem sempre razão. Elas são oferecidas, opcionalmente, sem obrigação e com desconto como religião "light", igual às ofertas

em prateleiras de literatura esotérica numa livraria. Tudo é possível, nada é levado a sério.

A posse, a aquisição de bens, a saúde em boas condições e a vida sem maiores problemas são apresentados como provas de espiritualidade e de fidelidade a Deus. A medida da espiritualidade passa a ser o potencial possível de gasto presente num cartão de crédito; ela se tornou produto a ser comercializado, gerido e promovido. Portanto, valoriza-se a fé em Deus como meio de obter saúde, riqueza, felicidade, sucesso e poder terrenos. Os males, nesse caso, significam falta de fé, inaptidão em confessá-la, ou resultam de algum ato de desobediência a Deus, situações que tornam o fiel vulnerável à maldade do diabo. Ou, segundo Proença (2003, p. 73), se ao fiel, por direito divino, são asseguradas saúde, prosperidade financeira e ascensão social, aqueles que, porventura, não se deleitam em tais prerrogativas "ou não compreenderam bem o ensinamento bíblico, não têm fé o suficiente, ou ainda permanecem sob a influência maléfica do demônio". São, na verdade, os pobres que terão que lidar com a terrível angústia de terem falhado ou permitido que o diabo, de alguma maneira, roubasse a graça que lhes estava reservada. No entanto, é necessário salientar que a verdadeira espiritualidade tem a capacidade de nos mover da apatia consumidora em direção a uma consciência alternativa, tanto a respeito do que somos, quanto de como vivemos.

O relato de um episódio que presenciei numa igreja ilustra claramente a situação: numa noite de quinta-feira, durante o culto, o pastor convidou as pessoas que tinham algum tipo de problema físico para se posicionarem em frente ao altar. Entre elas estava uma jovem. O pastor lhe fez duas perguntas: qual era o problema dela e se ela era fiel a Deus. Respondidas as questões, ele passou a expulsar a doença da jovem (surdez de um dos ouvidos). Depois de várias tentativas e nenhum resultado, a resposta dele à jovem foi a seguinte: "Enquanto eu orava, o Espírito Santo me falou que não poderá curá-la enquanto você não confessar seus pecados encobertos". Naquela noite, vi com meus próprios olhos que aquela jovem deixava o altar com mais um peso sobre a sua já dolorida vida: o peso de uma consciência culpada, pensando que Deus desejava curá-la, mas não o podia fazer por causa de seu pecado.

Saúde, riqueza e sucesso, nessa teologia, representariam sempre a vontade de Deus para o fiel. Consequentemente, se o fiel é pobre e/ou está doente, é porque se encontra em pecado! Essa teologia ensina que a pobreza é demoníaca e que Deus, por ser um pai amoroso e rico, quer ver seus filhos sadios, prósperos e ricos. Para Macedo (1973, p. 56), "quem vive fora dessa dimensão está fora do propósito divino e necessita descobri-lo urgentemente".

Essa posição teológica é muito mais fácil e simples, pois censurar a vítima é uma maneira de asseguramos a nós mesmos que o mundo é melhor do que parece e que ninguém sofre sem que haja uma boa razão. Isso faz com que todos se sintam melhor, à exceção da vítima, que passa a sofrer em dobro, isto é, com a condição social de pobreza acrescida à desgraça original. Uma das maneiras teológicas encontradas para dar sentido ao sofrimento humano é supor que somos merecedores do que nos acontece; que, de algum modo, as desgraças sobrevêm como punição pelos nossos pecados. Certamente, esse tipo de teologia, ou diríamos antiteologia, resolveu os problemas dos amigos de Jó, mas não resolveu os problemas de Jó e dos milhares de "Jós" que continuam nascendo.

Para os idealizadores e pregadores modernos da teologia da prosperidade, seria hora de parar de falar sobre justiça social, direitos humanos e sobre as abominações da riqueza mal adquirida. Para eles, toda e qualquer teologia que negue o discurso da prosperidade é apresentada como maléfica para os espíritos construtivos e dinâmicos do nosso mundo moderno. Afinal, uma teologia que estabelece que as riquezas pessoais são resultado da espiritualidade agrada muito a quem tem bens. Contudo, é uma espiritualidade que narcisisticamente gira em torno de si mesma, sem força para moldar a vida e a sociedade. Trata-se, portanto, de anunciar uma "espiritualidade do bem-estar" que somente se preocupa com o "sentir-se bem". Nesse sentido, os cristãos, como Narciso, ficarão apenas prestando atenção a si mesmos, sem produzir efeito sobre a sociedade.

Um sinal de alerta precisa ser dado a fim de que o cristianismo não corra o risco de perder sua sensibilidade para com o sofrimento humano. A linguagem dos amigos de Jó, ou seja, consoladores inoportunos que preferem justificar a Deus a deixar-se interpelar pela dor do irmão sofredor, não deixará de se basear numa teologia que desconsidera o sofrimento inocente. Naturalmente, não é a Deus a quem defendem, mas a si mesmos e a seu sistema teológico. A linguagem teológica não pode nos levar para fora da história, mas sim para dentro dela, em uma participação transformadora.

O discurso da teologia da prosperidade nega a solidariedade divina. Ela não é altruísta, mas sim egoísta; não favorece a solidariedade, mas sim estimula a competitividade; não faz da vida dom, mas sim posse. Ela defende que o "verdadeiro cristão" está predestinado a vencer, a ser mais do que um vencedor em todas as esferas da vida. Para a teologia da prosperidade, o sofrimento nega a presença divina. Mas por onde andaria Deus quando olhamos para um ambiente mergulhado na miséria? Estamos diante de uma teologia que procura privilégios pessoais e corporativos e que estimula a insensibilidade diante da injustiça presente no quotidiano de grande parte do mundo.

De acordo com Campos (1996), essa teologia é muito apropriada para os excluídos e inseguros, pois mobiliza as pessoas que se sentem desenganadas e revoltadas com a vida, mas ainda têm vagas esperanças. Dessa forma, o autor (1996, p. 122) considera a teologia da prosperidade "uma acomodação da mensagem pentecostal a um novo estágio sócio-econômico da sociedade ocidental e que gera, não mais uma ética de poupança e investimento, como descreveu Max Weber, mas uma ética de consumo".

Pode-se até mesmo perceber uma concepção milenarista nessa teologia que valoriza o aqui e o agora; uma possibilidade de acesso, já nesta vida, às prerrogativas, representadas pela possibilidade de ascensão social e financeira, antes postergadas para a vida pós-morte. Se na medievalidade a Igreja – por meio de sua prática teológica – prometia o paraíso para a vida pós-morte, ou seja, fora da história, a teologia da prosperidade promete o acesso ao paraíso no tempo presente. Nessa perspectiva, uma pessoa não teria que esperar a morte e a vida eterna para atingir suas expectativas.

Essa teologia está comprometida em satisfazer os desejos de sua clientela, e não em propagar doutrinas ou tradições históricas. Na verdade, o que importa são os resultados. A religião é apresentada como algo capaz de apresentar resultados 100% garantidos, com espaços onde um milagre sempre estará à espera daqueles que ali acorrem. A questão agora é como satisfazer os desejos do aqui e agora desses clientes que não estão preocupados com o distante mundo futuro.

Retornar aos valores bíblicos seria essencial. Afinal, nos textos bíblicos encontramos a ênfase colocada mais no ser humano do que na prosperidade, ao contrário da teologia da prosperidade, que reduz tudo a termos econômicos. Graças à miséria, à reestruturação econômica e à anomia em muitos países pobres, existe um grande potencial para o crescimento da teologia da prosperidade. Pode-se dizer que essa teologia tem respondido aos desejos psicossociais das pessoas excluídas no capitalismo moderno. Para essas pessoas, nenhuma outra utopia poderia garantir a pequena dignidade e a chance de participar nos resultados do desenvolvimento econômico. Talvez as pessoas tenham sido convencidas pela retórica da vida capitalista que prometeu, mas fracassou incrivelmente, construir uma sociedade de consumo, de prosperidade, de segurança, de bom emprego e de saúde.

Devemos rejeitar como não bíblico o ensino – seja implícito ou explícito – de que a fé, em sua essência, é uma qualidade ou trabalho que o ser humano realiza a fim de fazer com que Deus realize seus desejos. Em decorrência disso, a teologia da cura, por exemplo, foi dada na expiação. Com base na doutrina da cura na expiação, a teologia da prosperidade infere que a cura já está disponível para nós e que depende somente de nós experimentá-la ou não. Nesse sentido, os autores da prosperidade criam uma verdadeira cilada teológica ao perguntar, retoricamente, algo que leva o ouvinte a responder positivamente: "a palavra de Deus não é verdade em um tempo tanto quanto o é em outro?" Hagin (1979, p. 20) escreve sobre isso:

> Através da verdade humana natural, uma pessoa percebe que está doente, que tem uma dor ou uma doença. A Palavra de Deus, entretanto, revela que "Ele tomou para Si as nossas en-

> fermidades, e carregou as nossas doenças" (Mateus 8,17) e que por Seus ferimentos fomos curados (1 Pedro 2,24). A Palavra de Deus não é verdade em um tempo tanto quanto o é em outro? Ela não é verdade tanto quando você está doente e está sofrendo como quando está bem? Se acreditar no que lhe dizem seus sentidos físicos, você diria: "não estou curado, estou doente". Mas, se acreditar na verdade da Palavra de Deus, você pode dizer: "Estou curado, por Seus ferimentos, obtive a cura".

Acredita-se que algumas passagens-chave da Bíblia mostram que o fiel foi libertado tanto de suas doenças físicas quanto da condenação por seus pecados (cf. Isaías 53,4-5; Mateus 8,16-17; 1 Pedro 2,24). Novamente as palavras de Hagin reforçam essa concepção (1979, p. 25):

> Apesar de se manifestar no físico, a cura é na verdade uma bênção espiritual, porque ela é uma cura espiritual. Deus não vai curar seu corpo. Ele não fará algo novo para te curar porque Ele colocou sobre Jesus as nossas enfermidades, as nossas doenças. Ele já fez algo a respeito disso. Jesus já carregou nossas doenças sobre os Seus ferimentos e "nós fomos curados". Alinhe sua fé com a Palavra de Deus. Pare de esperar.

Nós somos filhos de Deus! Não somos o dono do mundo, mas somos filhos do dono. Deus tem vida abundante e toda a riqueza do universo está à nossa disposição. Então, como nós, seus filhos, não seríamos saudáveis e ricos? De acordo com o ensino da teologia da prosperidade, nossa vida de pobreza, doença e fracasso é consequência do domínio de Satã sobre nós. Segundo essa teologia, quando a humanidade caiu no pecado, Satã se tornou legalmente dono deste mundo, o que lhe dá poder sobre nós. Assim, a verdade elementar é que a redenção de Jesus nos libertou do domínio do diabo e nos devolveu ao governo do nosso legítimo proprietário.

Nesse sentido, a resolução de todos os problemas e conflitos que afetam o ser humano teria uma resposta eminentemente teológica. Hagin (1972a, p. 53-54) coloca assim essa questão:

> Jesus, entretanto, veio para nos redimir do poder e domínio de Satã sobre nós [...] Na vida, devemos reinar como soberanos. Isso significa que temos domínio sobre nossas vidas. Devemos dominar, não sermos dominados. As circunstâncias não deveriam dominar você. A pobreza não deve reinar sobre você; você é quem deve reinar e governar a pobreza. Enfermidades e doenças não devem governar sua vida; você é quem deve reinar e governar a doença. Na vida, devemos reinar como soberanos, em Cristo Jesus, que nos deu a redenção.

Nas diferentes regiões do Brasil, é muito comum ouvirmos de pregadores expressão semelhante a essa: "Deus não quer que seus filhos dirijam carros velhos; Ele deseja ver seus filhos dirigindo um carro do ano. Deus quer o melhor para seus filhos". Entretanto, quando esse mesmo ministro é criticado por viver na opulência – em meio a um país pobre –, ele defende seu estilo de vida como um "mandamento de Cristo". A esse respeito, Alcorn (1989, p. 102) cita o exemplo de certo "homem de Deus" que, diante de sua audiência (clientela), repreende o "espírito de pobreza", assegurando-lhes, a partir desse gesto mágico, a prosperidade material. Janis Joplin interpreta magistralmente a situação na canção "Mercedes Benz":

> *Oh Senhor, por que você não*
> *Me compra uma Mercedes Benz?*
> *Todos os meus amigos dirigem Porches*
> *Eu preciso compensar*
> *Trabalhei duro a vida toda*
> *sem ajuda dos meus amigos*
> *Então, Senhor, por que você não me compra uma Mercedes Benz?*
>
> *Oh Senhor, por que você não*
> *me compra uma TV a cores?*
> *Pedindo dinheiro*
> *Está tentando me encontrar*
> *Eu espero pela entrega*

Cada dia até as três
Então Senhor, por que você não
me compra uma TV a cores?

Senhor, por que você não me compra
uma noite na cidade?
Eu estou contando com você, Senhor
Por favor não me deixe na mão
Prove que você me ama
E pague a próxima rodada.
Então Senhor, por que você não me compra
uma noite na cidade?

Oh Senhor, por que você não
me compra uma Mercedes Benz?
Todos os meus amigos dirigem Porsches
Eu preciso compensar
Trabalhei duro a vida toda
sem ajuda dos meus amigos
Então Senhor, por que você não
me compra uma Mercedes Benz?

Nos círculos que celebram a saúde e a riqueza como critério da bênção de Deus, foi popularizada a expressão "Viver como filho do rei", que se tornou um dos mais famosos motes da teologia da prosperidade, mas em que reside uma grande ironia. Porém, devemos observar que o "filho do rei" foi Jesus, que viveu uma vida exatamente oposta ao que tal expressão deseja significar atualmente. Jesus viveu uma vida sem abundância material. Nascido na humilde Belém, criado na corrupta e desprezada Nazaré e de uma família piedosa mas pobre, que oferecia duas pombas porque não podia oferecer um carneiro (Lucas 2,24), Jesus andou pelo interior, dependente de que outros lhe abrissem suas casas, porque não possuía bem algum. Assim, falar em viver como "filhos do rei" parece uma verdadeira ironia. Os defensores da teologia da prosperidade podem estar falando de algum "filho do rei", mas, obviamente, esse filho não é Jesus.

A teologia da prosperidade vê como modelo o Senhor Jesus ascendendo aos céus, e não o humilde servo que foi na Terra. Porém, Jesus alertou seus discípulos para não seguirem o modelo de "senhor", mas seu próprio modelo de servo:

> Mas, entre vocês não deverá ser assim: se alguém de vocês quiser ser grande, deve tornar-se o servidor, e quem quiser ser o primeiro, deverá tornar-se o servo de todos. Porque o Filho do Homem não veio para ser servido. Ele veio para servir e para dar a sua vida como resgate de muitos (Marcos 10, 43-45).

O problema básico com a teologia da prosperidade é que ela é centrada no homem, mais do que em Deus. Alcorn (1989, p. 117) disse: ao se aproximar da postura da prosperidade, a oração se degenera tornando-se coerção, em que "nomeamos o que queremos e pedimos", e continuamos puxando a rédea até que Deus nos atenda. Esse tipo de persistência não é encorajado por Jesus. Ao contrário, é uma tentativa de dar uma queda de braço no Todo-Poderoso para aumentar o próprio conforto e estilos de vida a respeito dos quais os indivíduos não se incomodam em consultá-lo previamente.

Pode-se dizer que a "fé" se torna uma alavanca que arromba a porta da relutância de Deus, em vez de uma humilde e submissa tentativa de dar graças, ter discernimento e se curvar diante da vontade de Deus. No caso da teologia da prosperidade, é predeterminado que a vontade humana é a vontade de Deus. Como resultado, Deus é tratado como um objeto, um instrumento, um meio para um fim.

Alcorn (1989, p. 117) faz uma interessante ilustração a esse respeito. Segundo ele, na teologia da prosperidade Deus é visto como uma loteria celestial na qual nunca se perde, uma máquina caça-níqueis cósmica na qual você coloca uma moeda, puxa a alavanca, estende o chapéu e recolhe seus ganhos enquanto seus "companheiros de cassino" (neste caso, seus irmãos cristãos) gritam (ou dizem amém e aleluia) e esperam, ansiosamente, sua vez na fila. Eles se esqueceram de que a parte crucial de cada fé é o valoroso investimento em algo durável e não uma vida efêmera, mortal e individual; é, sim, algo duradouro, resistente ao impacto corrosivo do tempo, talvez mesmo algo imortal e eterno.

Neste tipo de sistema teológico, a única razão para Deus existir é para nos dar o que nós queremos. Se não tivermos necessidades, talvez Deus desapareça. Com esse tipo de teologia doente, a oração deixa de ser sagrada. Ao invés de um meio de dar-Lhe glória, a oração se reduz a uma lista de pedidos apresentada a Deus. Concordo com Alcorn quando ele afirma que, para a teologia da prosperidade, Deus nada mais é que alguém que satisfaz nossos desejos, e por isso o chamamos de "mestre", quando, na verdade, o mestre da relação somos nós. Deus é transformado num gênio da lâmpada, só que, em vez de esfregarmos a lâmpada, citamos um verso bíblico (sempre fora do contexto) ou dizemos três vezes "louvado seja o Senhor" para Deus agir conforme o roteiro que escrevemos para Ele.

Não é possível conceber o papel de Deus em relação a nós a partir dessa perspectiva. É necessário que uma boa teologia refute esse tipo de construção teológica que "coloca Deus para trabalhar para você e maximiza seu potencial em nosso sistema capitalista divinamente organizado" (*apud* Alcorn, 1989, p. 118). Na experiência da união e comunhão com Deus descrita nas Escrituras, estamos totalmente unidos com Ele. Isso significa que somos uma só realidade com Ele. Contudo, devemos perceber que esse Deus, ao mesmo tempo, mesmo na experiência da união, continua absolutamente indisponível. Nós não podemos possuí-lo!

Nosso pragmático uso capitalista de Deus demonstra uma clara falta de interesse no próprio Deus. Afinal, quem se importa em como é o gênio? Gênios servem apenas para um propósito: assegurar nossos desejos e nos fazer prósperos e felizes. Ao invés de ser o grande sujeito de nossa fé, para muitos, Deus se torna meramente um objeto. Essa atitude explica a farta quantidade de sermões, livros e artigos sobre nós e a mísera quantidade deles sobre Deus. Esse conteúdo cumpre o objetivo de colocar Deus a nosso serviço. Assim, Deus entra em cena e é dispensado de acordo com nossa conveniência: "Senhor, podes ir agora. Chamo-te de volta quando pensar em algo mais que eu queira".

No discurso de certas lideranças, a teologia da prosperidade, de certa forma, corrobora com o anseio de acomodação ao mundo presente, sem o famoso complexo de culpa. Para alguns fiéis, ela oferece a possibilidade de mobilidade social, enquanto para outros, assegura a preservação de um status já conquistado. Ao invés de ouvir a pregação de que "é mais fácil um camelo atravessar um buraco de agulha do que um rico entrar no Reino dos Céus" (Mateus 19,24), é destacada a possibilidade de desfrutar de bens e riquezas, sem constrangimento e com a aquiescência de Deus. Assim, para os afortunados, essa abordagem teológica traz alívio e, aos pobres, traz o direito de, como filhos de Deus, também possuírem bens. Está dado o passo para que a possibilidade de acesso à sociedade de consumo se abra diante dos pobres!

A posse de bens, nessa teologia que estimula o consumo, garantiria algumas certezas e exorcizaria os medos das pessoas. Talvez eles estejam tentando encontrar uma porta de escape da agonia da insegurança. Assim, ir às compras poderia ser considerado um ritual diário para exorcizar os horríveis fantasmas da incerteza e da insegurança que assombram as noites. No próprio ato do consumo o nível de felicidade do indivíduo aumenta. Basta observar os rostos de todos aqueles que saem do shopping, com suas mãos tomadas de sacolas! Uma alteração substancial no conceito de espiritualidade estaria em andamento: ao comprar produtos por aquilo que eles representam – esperanças e sonhos, aspirações e prazeres –, o comprador está procurando por alguma coisa, está indo espiritualmente "além de si mesmo". Comprar, dessa forma, torna-se uma experiência espiritual. Estamos diante de uma prova incontestável de que mostrar resultados infiltrou-se demasiadamente nas igrejas.

Na verdade, a compulsão para comprar, que se tornou vício, é uma luta crescente contra a aguda incerteza que arrebenta os nervos e o aborrecido e anulatório sentimento de insegurança. Segundo Bauman (2000, p. 84),

> numa sociedade de consumo, compartilhar a dependência de consumidor – a dependência universal das compras – é a condição sine qua non de toda liberdade individual; [...]. A

> identidade – única e "individual" – só pode ser gravada no produto que todo o mundo compra e só pode ser encontrada quando se compra. Ganha-se a independência, rendendo-se.

Parte-se do pressuposto de que quem não compra vive em estado de alienação, ou seja, não possui identidade. Sua identidade foi roubada. E a única maneira de reavê-la seria por meio do consumo. Na linguagem religiosa utilizada pela teologia da prosperidade, o diabo é um dos causadores da alienação e, consequentemente, da pobreza. Assim, ir às compras seria uma forma de exorcizar o diabo e recuperar a identidade roubada. Comprar nos tornaria humanos e livres.

A associação da doença, da pobreza e do fracasso com a imagem do mal permite à teologia da prosperidade oferecer à sua audiência uma eficiente teodiceia em tempos de sofrimentos e de incertezas. Campos (1996, p. 86) afirma que a imagem popular brasileira do diabo é a daquele considerado a fonte de todos os males que ataca os humanos, animais ou objetos. Daí a importância dada ao exorcismo como uma maneira de bloquear as forças que buscam impedir a saúde, o sucesso e a prosperidade.

Em contraste com a experiência de Jó – que após perder tudo o que possuía, caiu ao chão e adorou a Deus –, os discípulos da teologia da prosperidade concluem que, quando se perde a saúde e riqueza, isto significa que algum pecado, ainda não identificado, foi cometido. Mas se o pecado for identificado e confessado, a saúde e riqueza serão recuperadas. Buscando justificativa em textos isolados da Bíblia, a teologia da prosperidade, como a vemos hoje, na verdade não passa de produto do capitalismo e da psicologia do sucesso, que domina a maioria das nações industrializadas, mas que atinge também as nações pobres. Ela é o produto de nosso próprio tempo e lugar – o tempo capitalista – e é, sem dúvida, uma reflexão: não a partir da Bíblia, mas de nossa autopreocupação.

A teologia da prosperidade não começa com uma visão errada da teologia; ela termina com ela. Ela começa com uma visão errada de Deus, que produz uma visão errada do ser humano e, consequentemente, uma visão errada da igreja e de sua missão.

Inevitavelmente, esse tipo de teologia produzirá uma espécie de sociedade incrivelmente evidente em nossos dias. Uma sociedade do individualismo, na qual as pessoas vivem vidas paralelas, mas sem sentido, desconectadas umas das outras. Uma sociedade em que a independência é a única absoluta, em que o interesse próprio é o único credo, em que a conveniência e o lucro são os únicos valores. Nessa sociedade, as pessoas sabem o preço de tudo, mas não sabem o valor de nada; têm muito "do que" viver, mas pouco "pelo que" viver; se esquecem com muita facilidade que é a partilha que cria a comunidade.

Em contraposição a essa sociedade excludente promovida pelo individualismo, é necessário pensar seriamente uma teologia e uma prática eclesial que inclua as pessoas. Nesse sentido, a declaração dos bispos anglicanos (*apud* Stackhouse; Dearburn; Paeth, 2000, p. 42) reunidos em Lambeth é importante:

> Cremos que Deus criou um mundo bom para todas as pessoas. Um mundo no qual estamos reunidos por nossa humanidade em comum, formados à imagem de Deus, diante da qual toda pessoa tem a mesma dignidade e valor. Com imensurável generosidade, Deus nos deu generosos recursos para serem partilhados por todos. Somos responsáveis por manter esse presente de Deus, em confiança uns com os outros, buscando o bem de todos.

É fundamental redescobrirmos que a afirmação de nossa própria humanidade está intrinsecamente ligada à afirmação plena da humanidade do outro. Enquanto Deus nos criou para nos solidarizar e amar as pessoas pobres e usar as coisas, a visão do individualismo ama as coisas e usa as pessoas pobres, manipulando-as. O termo "consumidor", por exemplo, não diz respeito a uma pessoa, mas sim a uma unidade econômica. Para uma empresa, o consumidor é somente um objeto com grande potencial para contribuir com seu lucro. Entretanto, mutualidade e interdependência são imprescindíveis, se quisermos viver em um mundo onde todas as pessoas são respeitadas, onde a dignidade e o valor de toda a criação de Deus devem ser celebrados.

Quando Deus perguntou a Caim onde estava Abel, Caim respondeu com outra questão: "Sou eu o responsável por cuidar do meu irmão?". O comentário de Levinas (*apud* Bauman 2001, p. 72) sobre essa situação é absolutamente relevante:

> Se fôssemos Caim, deveríamos ter dito: É claro que sou o responsável por meu irmão. Sou, e continuarei uma pessoa de moral enquanto não questionar se existe uma razão especial para sê-lo. Admitindo ou não, sou o responsável por meu irmão porque o bem-estar dele depende do que eu faço ou deixo de fazer [...] No momento em que eu questiono essa dependência e exijo, como Caim fez, que me sejam dadas razões para que eu deva cuidar dele, eu renuncio à minha responsabilidade e deixo de ser um ser moral. A dependência do meu irmão é que faz de mim um ser ético.

O grande peso da teologia está em insistir na prioridade moral das pessoas sobre as instituições e suas práticas. São as pessoas, não os sistemas, que definem a substância da justiça e da solidariedade. Esse senso de justiça e solidariedade é essencial para resistir à total transformação da vida em mercadoria. Consequentemente, quaisquer força cultural, instituição social ou mesmo teologia que anulem nosso sentido da realidade, de justiça e de solidariedade são, praticamente falando, ateístas ou niilistas. Apropriadamente, Schweiker (*apud* Stackhouse; Dearburn; Paeth, 2000, p. 35) diz:

> O Deus vivo nunca é trasladado em nosso sistema de signos e, moralmente falando, isso significa que o valor humano, baseado em uma relação com Deus, não pode ser "uma commodity" ou medido no discurso de qualquer esfera social [...]. A fé cristã fornece meios simbólicos e conceituais para se pensar a respeito de várias suposições da justiça econômica, de modo que ela pode formar um auto-entendimento ao redor da integridade da vida. Ela fornece uma grande barreira contra a tirania de qualquer esfera social e sua prática – uma parede alicerçada

em pessoas dignas, compatível com um construto específico do mundo.

3.1 A gênese da teologia da prosperidade

São muitos os nomes pelos quais podemos identificar a teologia da prosperidade, entre eles, podemos destacar: "Movimento da Palavra da Fé", "Evangelho da Saúde e da Riqueza" e "Denomine-o e Reclame-o".

O início desse movimento pode ser traçado a partir dos escritos do pregador de rádio e ministro metodista William Essek Kenyon (1867-1948). Ele escreveu aproximadamente 15 livros nos quais "enfatizava o poder das palavras proferidas com fé e a supremacia de uma assim chamada revelação sobre o conhecimento obtido pelos sentidos" (Reid, 1990, p. 611). Para ele, a confissão da fé positiva colocava Deus em cena e induzia sua ação.

As ideias de Kenyon influenciaram certo número de pregadores dentro do movimento pentecostal na década de 1960. O movimento cresceu rapidamente na década de 1970, em grande parte graças à promoção dos pregadores pela Trinity Broadcasting Network, fundada por Paul Crouch em 1973.

Kenneth Hagin é um dos mais conhecidos promotores dos ensinos da teologia da prosperidade. Sua história é no mínimo curiosa a respeito de como ele descobriu o seu "caminho" teológico: na manhã de 8 de agosto de 1934, ele enfrentava seu 16º ano como um inválido, confinado à cama por um problema incurável. Apesar das previsões de que podia morrer a qualquer hora, mesmo fraco, ele se agarrava à vida. Conforme havia lido no Novo Testamento, ele tinha a crescente fé de que Deus "o levantaria da cama". Porém, nada acontecia e ele acordava cada manhã para um novo dia de tédio e desesperança.

No entanto, um dia foi diferente, porque ele voltou-se para o verso que tinha acendido sua fé: "Por isso vos digo que tudo o que pedirdes em oração, crede que o recebereis, e tê-lo-eis". Então ele percebeu: "o ter vem depois do crer. Eu tenho que acreditar que minha paralisia se foi, mesmo estando deitado de costas aqui, sem esperanças". E assim ele fez. Só que, ao invés de dizer que seria curado, ele declarou que já estava curado (Hagin, 1972a, p. 9-26). Uma voz, então, lhe disse: "Você acredita que está curado. Mas se de fato estiver curado, então você deveria se levantar dessa cama". Dois dias depois, ele chegou a passos largos à mesa onde sua família tomava o café da manhã, curado pela evidência do poder da fé em sua própria vida.

Em 1974, Kenneth Hagin fundou o Rhema, um Centro Bíblico de Treinamento, localizado em Tulsa, Oklahoma, com o objetivo de oferecer programas de treinamento que incluíam ensinos e práticas. No entanto, Hagin (1985) afirma que, apesar de a prosperidade ser uma adição posterior ao seu sistema doutrinário, ele não aprendeu sobre ela com nenhum professor humano. Entretanto, ela aparece no discurso de outros evangelistas pentecostais cuja importância precede a de Hagin, principalmente Oral Roberts.

Em 1955, Roberts publicou *God's formula for success and prosperity*, seu primeiro livro sobre este tópico. Na década de 1960, Hagin abraçou a mensagem da prosperidade: prosperidade, principalmente prosperidade financeira, também está disponível ao fiel que se apropria dela pela fé. Riqueza, de acordo com eles, era parte da bênção que o patriarca Abraão recebeu e, consequentemente, a pobreza era parte da maldição que Jesus Cristo cancelou com sua morte na cruz.

As seguintes ênfases são comuns à maioria dos pregadores da teologia da prosperidade (palavra de fé):

1. A fé é uma força, liberada pelas palavras, através das quais é possível criar a realidade. De acordo com Copeland (1983, p. 18-19), "a força da fé é liberada ou ativada pelas palavras. Palavras cheias de fé colocam em operação a lei do Espírito da vida". O recurso à palavra como instrumento para a liberação de fé-força possui sua possível "legitimidade" na própria ação de Deus, que cria o mundo pelo poder da palavra.
2. A força da fé é ativada quando uma pessoa declara ou confessa positivamente seus desejos e pedidos a Deus. Hagin (1966, p. 30) diz: "sua confissão justa se tornará uma realidade, e então você obterá o que quiser de Deus". Dessa forma, os fiéis pas-

sam a ser persuadidos da infalibilidade das expressões religiosas para "mover o braço de Deus".

3. Deus quer que todo cristão tenha prosperidade financeira. Na verdade, esse é um direito a ser reclamado pelos cristãos. Além disso, pobreza não é a vontade de Deus para o cristão, mas representa uma vida derrotada pelo demônio.
4. Deus deseja que todo cristão tenha saúde perfeita e experimente cura completa. Deus se obriga a curar toda doença daqueles que têm fé. A promessa da cura é parte da expiação de Cristo. Copeland (1979, p. 25) afirma: "a intenção de Deus é que todo fiel viva completamente livre de doenças e enfermidades".

A teologia da prosperidade é, na verdade, uma sistematização de crenças próprias das camadas médias da população americana, na esteira da grande depressão dos anos 1930, embora suas raízes estejam nos movimentos e práticas terapêuticas surgidas no fim do século XIX, naquele país e na Europa. Souza e Magalhães (2002) nos relembram que a teologia da prosperidade pode "ser considerada como um desdobramento do fundamentalismo norte-americano, o qual, após a crise de 29, reorienta sua ética em favor de uma maior participação na esfera pública".

No Brasil, Proença (2003) situa o advento da teologia da prosperidade no período de agravamento das condições sociais de vida pelo qual passava o País na década de 1970. Daí o processo de urbanização e modernização do País, seguido pela pobreza e violência, bem como a desestabilidade existencial e social, geradora de profundas incertezas, serem elementos diametralmente associados a esse período. Freston (*apud* Mariz, 1996, p. 140) afirma que a Igreja Universal do Reino de Deus é a principal porta de entrada do Brasil para a corrente pentecostal norte-americana conhecida como "Evangelho da Saúde e da Riqueza". Mas, no Brasil, além da Igreja Universal do Reino de Deus, a teologia da prosperidade é absorvida também pelas seguintes igrejas: Renascer em Cristo, Comunidade Evangélica Sara a Nossa Terra, Nova Vida, Bíblica da Paz, Cristo Salva, Cristo Vive, Verbo da Vida, Nacional do

Senhor Jesus Cristo, Internacional da Graça de Deus e pelas organizações Adhonep e Missão Shekinah.

O crescimento da teologia da prosperidade significaria a emergência de uma visão pós-moderna do cristianismo? Talvez possamos dizer que a teologia da prosperidade seja uma expressão do desejo de ocupar espaços de poder ou, ainda, uma simples réplica da religiosidade pós-moderna europeia, que ignora e exclui a verdadeira dimensão da teologia: a de resistência e de defesa da vida humana. Mas, sem sombra de dúvida, a teologia da prosperidade é um tipo de teologia que melhor se adapta à sociedade de consumo.

No entanto, devemos perceber que os empobrecidos participam de um ambiente saturado com os frutos da modernidade, mas eles não podem abraçar totalmente a ideologia do progresso humano, porque o progresso nunca os atinge do mesmo modo que atinge os ricos. Muitos pobres são teólogos incansáveis, em busca de discernir quem é Deus para eles próprios, batendo em novas e velhas portas até encontrarem a teologia (*kerygma*) que fale ao problema deles para formular uma teologia cuja visão da realidade afirma o ser sobre o não-ser. Indicadores concretos de "ser" são itens principalmente relativos à saúde, família, trabalho e comunidade.

Contudo, na pós-modernidade, a teologia não pode se esquecer do sofrimento, da pobreza e da desigualdade, que jamais foram tão experimentadas como agora, e deve propor um modelo de igreja e de comportamento dos fiéis que responda realmente às necessidades das pessoas, particularmente daquelas que são mais vitimizadas nesse mundo.

O campo de verificação e o critério de falseabilidade dessa teologia estão relacionados à liberdade do homem para a história e à liberdade da história para o homem. Segundo Alves (1986, p. 37),

> se a história se fecha definitivamente para o homem e o homem se fecha definitivamente para o futuro, se a repressão se torna uma tônica, e a domesticação, a principal determinação da subjetividade do homem, então podemos dizer que a linguagem da liberdade não pode mais ser falada. Assim sendo, o pobre

se torna prisioneiro de um sistema teológico, cuja chave os teólogos lançam ao mar.

3.2 Pentecostalismo em terras brasileiras

Ao se falar da teologia da prosperidade, faz-se necessário observar o advento dessa teologia nas igrejas brasileiras. Para isso, é relevante a análise do início do pentecostalismo no Brasil.

Paul Freston (*apud* Campos, 1996, p. 51) propõe uma compreensão do pentecostalismo brasileiro, especificamente a partir de um conceito que usa uma analogia física: o conceito de onda. A primeira onda vai de 1910 até 1950, com destaque para as igrejas pioneiras, e tem como contexto os fluxos migratórios (Assembleia de Deus e Congregação Cristã do Brasil). Por quase meio século, foram as únicas formas de Pentecostalismo conhecido no Brasil, exceto pela Igreja Adventista da Promessa (1938), mas que está totalmente fora do modelo do protestantismo histórico (Campos, 1996, p. 71). O pentecostalismo da primeira onda cresceu vagarosamente no Brasil até o fim da Segunda Guerra Mundial. De acordo com dados de Campos (1999, p. 72), em 1930 o Brasil tinha poucas indústrias e era predominantemente um país rural. Somente 25% de sua população vivia nas cidades. Essa porcentagem cresceu para 36% em 1950, 68% em 1980 e 75% em 1990. Consequentemente, a migração interna deu um grande impulso para a expansão do pentecostalismo.

A segunda onda vai de 1950 a 1970, com destaque para a fragmentação do pentecostalismo, e tem como contexto a cidade de São Paulo (Igreja do Evangelho Quadrangular, Igreja Evangélica o Brasil para Cristo, Deus é Amor, Igreja Pentecostal, A Casa da Benção, Igreja Metodista Wesleyana e muitas outras denominações menores). A ênfase principal dessas igrejas eram os milagres, a cura divina e o falar em línguas estranhas. O contexto da segunda onda é muito peculiar e nos dá uma clara visão de uma mensagem que era mais adequada para alcançar os estratos mais baixos da sociedade urbana.

Com o fim da Segunda Guerra Mundial, a situação política, econômica e cultural do Brasil sofreu profundas mudanças: a democracia e a industrialização retornaram, a indústria do aço cresceu rapidamente, e a influência cultural europeia cedeu aos norte-americanos. O populismo do presidente Getúlio Vargas foi substituído pelo otimismo de Juscelino Kubitscheck, que abriu o País às indústrias estrangeiras. Apesar dos então recentes problemas políticos e econômicos – o golpe militar de 1964 – o Brasil voltou a crescer. Redes de comunicação foram difundidas. Distâncias foram reduzidas com a abertura de novas rodovias em todas as regiões do País. Além disso, a distância entre ricos e pobres cresceu, porque a indústria não podia absorver todos os trabalhadores gerados pelo intenso êxodo rural. Era um tempo de recessão econômica para os países subdesenvolvidos. Nas cidades, a multidão de pessoas pobres à espera de milagres crescia. A maioria delas eram imigrantes vindos do Nordeste e do interior do Sul e do Sudeste.

A terceira onda, de acordo com Campos (1996, p. 71), "coincidiu com a crise econômica sem precedentes causada pela crise internacional do petróleo e piorada pela inabilidade dos ditadores militares brasileiros em resolver os problemas básicos das pessoas mais pobres". Ela começa no fim dos anos 1970 e adquire força a partir dos anos 1980 no contexto carioca (Salão da Fé, Igreja Universal do Reino de Deus, Igreja Internacional da Graça de Deus e outras comunidades autônomas). A característica da terceira onda do pentecostalismo foi seu hábil uso da comunicação em massa. Para Campos (1996, p. 72), "ela penetrou com sucesso nas redes de rádio e televisão que o regime militar havia instaurado com o intuito de promover a segurança nacional e de encorajar a unificação cultural do país". A terceira onda trouxe também para o Brasil a "igreja eletrônica", uma variedade do pentecostalismo que vinha obtendo sucesso nos Estados Unidos e América Central. Essa onda reflete o desalojamento da cultura e instituições tradicionais pela chegada da era pós-moderna. A emergência de novas igrejas é claramente um resultado da globalização, tanto do País quanto da cultura e economia mundiais.

Todos os futuros pioneiros do pentecostalismo brasileiro seriam, de uma forma ou de outra, influenciados pela mesma pessoa. Trata-se do pastor batista William H. Durham, que teria recebido o batismo no Espírito Santo em março de 1907, numa visita à missão da Rua Azusa (localizada na cidade de Los Angeles), tornando-se, a partir daquele momento, um ardente propagador da mensagem pentecostal. Sua doutrina mais destacada foi a obra completa de Cristo. Segundo ele, a experiência do batismo no Espírito Santo não deveria ser entendida como uma "terceira bênção", muito menos como bênção da santificação. Consequentemente, a obra de Cristo em favor dos cristãos havia sido completada na cruz. Sua influência sobre as primeiras formações pentecostais no Brasil é ímpar e, por isso, faz-se necessário descrever, ainda que parcialmente, alguns desses espaços religiosos.

A Congregação Cristã no Brasil foi a primeira denominação pentecostal a entrar no País e seu líder pioneiro foi L. Francescon. Operário imigrante italiano, ele encontrou a sua primeira acolhida na Igreja Presbiteriana Italiana dos Estados Unidos, com algumas passagens pela Igreja Valdense. Isso faz com que os autores discordem quanto a sua exata origem religiosa. O fato é que recebeu do presbiterianismo a marcante influência da doutrina da predestinação. Esse fato faz da igreja que ele fundou uma instituição que não evangeliza, mas que apenas espera que os eleitos se aproximem, ou seja, nos dias de batismo, os interessados se apresentam ao batizador que, sem fazer perguntas, os imerge em água. Eles creem, portanto, que só os verdadeiramente eleitos permanecerão na fé. Como resultado, praticamente não há lugar para a sofisticação na pregação da Congregação Cristã no Brasil: o uso dos meios de comunicação de massa como instrumento de divulgação de sua mensagem, as campanhas evangelísticas e o uso de literatura são definitivamente banidos.

L. Francescon não se restringiu a frequentar a Igreja Presbiteriana Italiana, mas passou a estar presente nas reuniões dirigidas por C. F. Durham. Em uma dessas reuniões, Francescon recebeu o dom de falar em línguas e também uma revelação para ser um anunciador da Palavra de Deus. Partiu, então, para Buenos Aires, Argentina, e depois para o Brasil, onde se instalou entre imigrantes compatriotas. A Congregação Cristã no Brasil nasceria em 1910, de um cisma ocorrido a partir de uma pregação feita por L. Francescon em uma Igreja Presbiteriana.

Durante seu período de estabelecimento, a Congregação Cristã no Brasil se caracterizou por constituir-se, basicamente, de uma igreja de imigrantes para imigrantes. Assim, tornou-se uma igreja étnica no ramo pentecostal. Nos primeiros vinte anos, as pregações nessa igreja eram feitas em italiano, passando depois à língua local.

Inicialmente, a Congregação Cristã no Brasil expandiu-se, sobretudo nos Estados de São Paulo e Paraná. Paulo D. Siepierski (*apud* Campos, 1999) segue a hipótese de que essa igreja teria se expandido a partir das rotas do café. É conhecido que na virada do século XIX para o século XX muitos imigrantes chegaram ao Brasil com o intuito de substituir a mão de obra escrava. Dentre eles, havia muitos italianos que se instalaram nos Estados de São Paulo e Paraná, onde o solo era muito propício à agricultura. Isso explicaria o fato de a Congregação Cristã no Brasil vir a ser, pelo menos em princípio, uma igreja predominantemente rural.

Campos (1996) relaciona uma série de itens que caracterizam a permanente influência de Francescon na Congregação Cristã no Brasil:

- ênfase no iluminismo, buscando revelações diretas de Deus;
- ênfase no falar em línguas;
- rejeição da burocracia e da organização formal;
- desconfiança da teologia e da cultura;
- alto valor dado à pureza de comportamento;
- resistência a se envolver com outras denominações;
- visão fortemente apolítica.

A Assembleia de Deus foi fundada no fim da primeira década do século XX. Os missionários D. Berg e G. Vingren, considerados seus fundadores, eram imigrantes e operários de procedência sueca que se deslocaram para os Estados Unidos no início do século XX em função de uma crise em seu país. Instalando-se em Chicago, com o intuito de conquistar melhores condições de vida, também acabaram por descobrir as reuniões dirigidas por C. F. Durham. Receberam o batismo no Espírito Santo e também uma revelação que os orientava a partir com destino ao Pará. Embora muitos insistam no acaso do chamado missionário de D. Berg e G. Vingren para o Pará, Paulo D. Siepierski argumenta que esse Estado do Brasil era na época muito famoso no exterior por sua produção de matéria-prima para a confecção da borracha.

No fim da década de 1910, quando os dois missionários estrangeiros chegaram ao Brasil, o País estava no auge do "ciclo da borracha", fenômeno que teria atraído ao Pará milhares de pessoas de outras regiões do país em busca de uma "terra sem males". A região norte passou a ser uma grande alternativa para muitos nordestinos afetados pelas frequentes secas que assolavam sobretudo o sertão, processo sempre acompanhado pela expulsão dos camponeses das grandes propriedades. Mais tarde, os aventureiros frustrados provocariam um refluxo migratório no Brasil, quando a borracha brasileira começou a perder espaço para o mercado asiático. Na trilha do refluxo migratório, a Assembleia de Deus iria se expandir pelo País na ordem inversa da Congregação Cristã no Brasil. Enquanto esta ocupou o Sul e Sudeste e, depois, as outras regiões, aquela conquistou inicialmente as regiões Norte e Nordeste. A implantação da Congregação Cristã no Brasil seguiu as trilhas do café, enquanto a Assembleia de Deus seguiu a trilha da borracha e seu refluxo populacional.

A Assembleia de Deus também nasceu de um cisma dentro de uma igreja protestante tradicional. Desta vez, a afetada foi a Igreja Batista de Belém, de onde 19 pessoas saíram para formar a Assembleia de Deus. D. Berg e G. Vingren haviam se instalado na Igreja Batista de Belém, onde tiveram algumas oportunidades para pregar. Em uma dessas oportunidades, dirigiram uma reunião de oração. Nessa reunião, uma das mulheres do grupo, D. Celina Albuquerque, recebeu o dom de falar em línguas, tornando-se a primeira crente a receber tal dom. Esse episódio provocou verdadeira celeuma em parte da igreja, levando à posterior exclusão daqueles que permaneciam nessa prática. A forma como os missionários suecos interpretavam a Bíblia gerou polêmica entre os batistas. A doutrina do Espírito Santo – o falar em línguas como evidência do batismo com o Espírito Santo – foi o elemento que gerou a discórdia entre os missionários suecos e a liderança batista local.

A Igreja do Evangelho Quadrangular foi iniciada nos Estados Unidos por A. S. McPherson, que é contemporânea dos demais pioneiros do pentecostalismo brasileiro, embora essa denominação fundada por ela tenha chegado ao Brasil apenas em meados do século XX. A. S. McPherson teria experimentado a cura divina em uma das reuniões de W. H. Durham e passara a difundir tal experiência. Infelizmente, morreu antes da chegada dessa igreja ao Brasil.

A Igreja do Evangelho Quadrangular chegou ao Brasil como fruto de uma "Cruzada Nacional de Evangelização", promovida pelos pregadores de cura divina, H. Williams e R. Bootright. Algumas igrejas protestantes tradicionais, dentre elas uma Igreja Presbiteriana Independente em São Paulo, abriram suas portas para a Cruzada Nacional, causando muitos problemas e divisões no seio da igreja e originando a Igreja do Evangelho Quadrangular. O missionário Williams contou com o apoio de 20 pastores que, em sua maioria, eram de outras denominações, mais precisamente metodistas e da Assembleia de Deus. Inicialmente, reunidos em largas tendas – o modelo missionário e evangelístico adotado pela Igreja do Evangelho Quadrangular –, eles reafirmavam a segunda vinda de Cristo e buscavam a salvação, experiências sobrenaturais do batismo do Espírito Santo e cura divina. Tais pastores geralmente saíam de suas denominações levando a tiracolo suas igrejas locais, para ingressarem nesse novo ministério que despertava tanta atenção. A Igreja do Evangelho Quadrangular exerceu papel fundamental para o surgimento de igrejas pentecostais fundadas por brasileiros, como O Brasil para Cristo e Deus é Amor, e sua influência alcança até mesmo a Igreja Universal do Reino de Deus. Na avaliação de Freston (1994, p. 113),

> inicialmente, a importância da Igreja do Evangelho Quadrangular se restringia ao papel que desempenhara nos anos 50, de importadora de técnicas religiosas mais adequadas à nova sociedade de massas. Depois, num processo de substituição de importações paralelo ao que o país vivia, essas técnicas foram aprendidas e adaptadas pelos brasileiros [...]. A cura divina em si não era novidade, mas a sua massificação e prática em locais públicos, sim.

Ricardo Mariano (1999, p. 23-49), com base na teoria das três ondas, propõe a seguinte classificação do pentecostalismo: pentecostalismo clássico, deuteropentecostalismo e neopentecostalismo. As novas igrejas pentecostais (neopentecostais) seriam caracterizadas, fundamentalmente, por três aspectos: a "guerra contra o Diabo", a "teologia da prosperidade" e a "liberalização dos tradicionais usos e costumes de santidade pentecostal".

O neopentecostalismo se caracteriza exatamente por adotar um tipo de relacionamento do fiel com Deus no qual o cristão tem direito a tudo o que existe de melhor neste mundo. Dessa forma, incentiva-se que o fiel se acomode ao mundo das novas tecnologias, acumule mais e mais riquezas, consuma mais e, acima de tudo, não tenha sentimento de culpa por não negar o mundo. Percebe-se que o comportamento ascético diminui entre os grupos neopentecostais.

Monteiro (1979) observa que as estruturas das antigas religiões estavam se desintegrando e "modelos quase empresariais de conduta, diferenciados mais por rótulos e embalagem do que pelos produtos que oferecem" estavam surgindo. Alves (1979), por sua vez, argumenta que uma mentalidade empresarial e uma lógica capitalista podem explicar melhor o sucesso dessas empresas que se especializaram na transação de bens espirituais e caíram na lógica da troca de valores.

3.3 A *mcdonaldização* da teologia

Baseado no que vimos e discutimos anteriormente, uma questão deveria ser levantada: o discurso da teologia da prosperidade não estaria nos colocando diante de um cenário de *mcdonaldização* da teologia? Ele não seria um discurso sobre Deus que leva a uma teologia consumista? Uma "teologia para comprar e levar"? Com essa teologia móvel, ou uma McTeologia, a pessoa procura sem cessar novas e inovadoras experiências espirituais.

Entretanto, é necessário explicar o conceito de McDonaldização e sua aplicação no modo de elaborar teologia. George Ritzer desenvolveu o conceito de *McDonaldização* no livro *The McDonaldization of*

Society. Para ele, o McDonald's é usado como o exemplo maior – um paradigma – de um extenso e abrangente processo de McDonaldização, assim definido: "o processo pelo qual os princípios dos restaurantes de 'fast-food' chegam para dominar mais e mais setores da sociedade Americana, e também o resto do mundo" (Ritzer, 2002, p. 201).

A importância desse processo de McDonaldização pode ser vista a partir de algumas particularidades, e menciono apenas uma, como exemplo: o "índice Big Mac", publicado anualmente pela prestigiosa revista The Economist: ele indica o poder de compra de várias moedas ao redor do mundo, com base no preço local (em dólar) do sanduíche Big Mac. O Big Mac é utilizado como referência porque ele é um produto vendido em pelo menos 115 países.

Devemos observar os efeitos da McDonaldização não somente nos negócios ligados a restaurantes, mas também em qualquer outro aspecto da sociedade. Segundo Ritzer (2002, p. 202),

> a tese da McDonaldização não envolve somente restaurantes: universidades, igrejas e museus, entre muitos outros ambientes, também podem ser vistos se McDonaldizando. Quase nenhum setor da sociedade está imune à McDonaldização, e isto significa que inumeráveis aspectos da vida diária das pessoas são transformados por ela.

Além disso, a McDonaldização tem dado claros sinais de ser um processo inexorável que faz uma varredura em instituições e regiões do mundo aparentemente inacessíveis.

Ritzer apresenta quatro dimensões sobre as quais ele baseia o sucesso desse modelo. Essas quatro dimensões, oferecidas aos consumidores, trabalhadores e administradores, são: eficiência, calculabilidade, previsibilidade e controle. Drane (2002, p. 151) chama a atenção para o fato de que não é difícil ver esses sinais no ambiente da igreja e, consequentemente, no modo de elaborar o discurso teológico. Apropriando-se dessas quatro dimensões e transformando seu discurso teológico, muitos líderes religiosos dizem: "nós amamos sistemas racionalizados e tentamos aplicá-los a tudo, desde à nossa teologia até ao modo como recepcionamos os visitantes nos trabalhos da Igreja aos domingos". Vejamos essas dimensões mais de perto.

3.3.1 Eficiência

Este importante elemento do sucesso do McDonald's é o melhor método para sair de um ponto e chegar a outro. Para os consumidores, o McDonald's oferece o melhor caminho disponível para ir de um "ser faminto" para um "ser saciado". É também um eficiente método para satisfazer muitas outras necessidades. Regras e regulamentos organizacionais também ajudam a assegurar um trabalho de alta eficiência; uma dimensão que procura os melhores meios para se atingir um determinado fim.

Em uma sociedade que venera um estilo de vida McDonaldizado, uma teologia "pré-embalada" pode facilmente ser vista como uma opção muito atrativa. Ela é o equivalente espiritual do fast food, que diferentemente da refeição preparada em casa, não requer nenhum preparo prévio, nem limpeza posterior. A chave para a eficiência na teologia da prosperidade é ser capaz de "processar" o maior número de pessoas o mais facilmente possível. Porém, devemos acrescentar que a verdadeira e boa teologia não possui relação alguma com o "processamento de pessoas", como se todas elas fossem ervilhas em uma lata.

A teologia McDonaldizada transforma Deus no maior dos shopping centers – uma máquina de venda extremamente eficiente. Se o consumo se torna obviamente muito mais fácil para o consumidor quando as lojas são colocadas em um só local – o shopping center –, não há nada melhor que depositar em Deus as respostas para todos os problemas relacionados ao consumo. A eficiência é claramente vantajosa para os clientes (fiéis), que podem obter o que necessitam mais rapidamente e com menos esforço.

Numa sociedade McDonaldizada, as pessoas raramente buscam um melhor meio para um fim, por elas próprias. Ao invés disso, confiam em meios previamente descobertos e institucionalizados. Um bom exemplo para ilustrar esse assunto é o anúncio da rádio e TV do

Vaticano em 1985. Nele, era dito que os católicos poderiam receber indulgências (uma liberação de certas formas de punição resultante de pecados cometidos, obtida por meio de certas práticas devocionais) por meio da bênção anual de Natal do Papa (Ritzer, 1993).

É possível ver que a eficiência necessariamente leva a uma simplificação do produto final. Segundo Ritzer (1993), para os restaurantes de fast-food, comidas complexas com receitas sofisticadas não são a norma. O carro-chefe da indústria são comidas que requerem poucos ingredientes e são simples de preparar, de servir e de comer. Para o discurso teológico, é mais simples determinar o que desejamos das mãos de Deus por meio de expressões previamente memorizadas: diga, faça, receba e conte. Ou poderíamos comparar essa situação a muitos negócios hoje em dia, nos quais, em vez de se lidar com uma telefonista humana, as pessoas têm que apertar botões numa confusa sequência de códigos e números antes de atingir o ramal desejado.

Outro mecanismo para aumentar a eficiência em um mundo McDonaldizado é colocar os clientes para trabalhar (Ritzer, 1993). Na versão da teologia da prosperidade, o próprio Deus é colocado a nosso serviço. Não há nada mais eficiente do que o Todo-Poderoso agindo de acordo com os nossos desejos.

3.3.2 Calculabilidade

O mais importante resultado da calculabilidade é a habilidade para produzir e obter grande quantidade de coisas muito rapidamente (Ritzer, 1993); uma dimensão em que a quantidade passa a ser sinônimo de qualidade.

A teologia não é imune a essa obsessão por números e quantidade. Entretanto, precisamos estar conscientes das limitações dos números, porque apesar de ser a forma mais fácil de mensurar, eles são um instrumento obtuso e frequentemente tem pouco a ver com o que está realmente acontecendo. Nós vivemos no reino perigoso do calcular, contar e quantificar. Dentro deste reino, nós somos o que possuímos; quanto mais, melhor. Todavia, não podemos nos definir pelos critérios da sociedade de consumo, pelas expectativas dos outros, pelos critérios estabelecidos de sucesso ou de fracasso, por reconhecimento, ou ainda por rejeição. A teologia, que não deve estar presa a números, tem como característica particular a de promover a libertação do ser humano, e não a de aprisioná-lo cada vez mais.

A calculabilidade teológica é uma maneira particularmente estéril e irrelevante de sufocar a vida humana e os valores de construção de uma sociedade sadia. Seu resultado é a criação de estruturas desumanizantes. O sucesso da vida das pessoas é definido pela quantidade de objetos que elas possuem ou podem comprar. Assim, faz-se necessária a multiplicação de livros nos quais se procura ensinar o fiel a encontrar o caminho mais rápido e fácil para o sucesso. A redução dos seres humanos a meras coisas compromete a vida e institui a morte como referencial quotidiano. Erich Fromm (1967, p. 28-9) magistralmente traduz essa situação:

> Enquanto a vida se caracteriza pelo crescimento de uma maneira estruturada, funcional, o indivíduo necrófilo ama tudo o que não cresce e tudo o que é mecânico. A pessoa necrófila é movida por um desejo de converter o orgânico em inorgânico, de olhar a vida mecanicamente, como se todas as pessoas fossem coisas. Todos os processos, sentimentos e pensamentos de vida se transformam em coisas. A memória e não a experiência; ter e não ser é o que conta. O indivíduo necrófilo pode se realizar com um objeto – uma flor ou uma pessoa – unicamente se a possui; em consequência, uma ameaça a sua posse é uma ameaça a ele mesmo; se perde a posse, perde o contato com o mundo.

A ênfase colocada sobre a quantificação cria a ilusão da quantidade como critério de sucesso. Segundo Ritzer (1993, p. 82) "uma sociedade que enfatiza quantidade, bens e serviços, tende a ser altamente medíocre". Essa é uma ilusão, equivalente à do McDonalds, em que é possível conseguir mais alimento com o mínimo de gasto. São os famosos mecanismos mentais que nos levam a querer tirar vantagem de tudo. Diante da possibilidade de tirar vantagem, ainda que pequena, nossos olhos se iluminam sobremaneira. Imersos na ilusão, colocamos ênfase sobre a quantidade, o que certamente irá nos encorajar a evitar as realidades que nos cercam, oferecendo, em seu lugar, uma outra presumida realidade, porém ilusória e disfarçada de real.

A calculabilidade é geradora de um discurso sem profundidade teológica, exatamente porque produz no fiel a sensação ilusória de poder consumir mais numa sociedade onde a maioria está destinada, perpetuamente, aos espaços da periferia.

3.3.3 Previsibilidade

A previsibilidade assegura que os produtos e serviços serão os mesmos em qualquer tempo e em todos os lugares. Os funcionários em um sistema McDonaldizado também se comportam de um modo previsível. Eles seguem normas corporativas, assim como as determinações de seus supervisores. Em muitos casos, o que eles fazem e o que dizem são altamente previsíveis. É como um roteiro que devem seguir. Basta memorizar e seguir as regras, não importa qual seja a situação.

Com o objetivo de obter previsibilidade, Ritzer (1993, p. 83) diz que "uma sociedade racionalizada enfatiza a disciplina, a ordem, a sistematização, a formalização, a rotina, a consistência e a operação metódica"; uma dimensão que faz da padronização um estilo de vida para que tudo aconteça da mesma maneira, de forma a evitar quaisquer imprevistos.

Nesse sentido, a partir do ponto de vista do fiel (cliente), a previsibilidade traz muito mais paz à mente para a vivência do cotidiano. Contudo, a previsibilidade estabelece uma barreira em relação à criatividade e à inovação. Claro, a partir do momento em que a repetição se torna tendência de comportamento e do fazer teológico, não há mais necessidade de se criar absolutamente nada. O ser humano deixa de participar de sua própria época criando, recriando e decidindo a respeito de seu próprio futuro. Consequentemente, a eterna repetição se apresenta como o substrato primeiro da teologia – nela lança suas raízes e a reduz a mero discurso vazio.

Toda teologia tem a tendência de se ontocratizar, ou seja, de se transformar em um sistema de poder e de repressão contra a criatividade e a crítica. Porém, é preciso reagir contra a repressão da criatividade. A boa teologia necessariamente está fundada sobre a criatividade e estimula a ação e reflexão verdadeiras sobre a realidade, respondendo, assim, à vocação dos seres humanos que não são autênticas se não se comprometem na busca e na transformação criadora de sua própria realidade.

Os restaurantes fast-food instruem seus funcionários sobre o que eles devem dizer em várias circunstâncias para tornar o que eles dizem e o que lhes é dito de volta mais previsível. Do mesmo modo, quando o discurso teológico já vem numa embalagem pronta, não é mais necessário pensar – basta abrir a embalagem e reproduzir seu conteúdo. Nesse sentido, o conteúdo do discurso teológico tem a tendência de se tornar algo sem vida e a se petrificar. De fato, uma constante preocupação com a forma e a embalagem das coisas pode na verdade se tornar uma estratégia para assegurar que nada fundamental será mudado. Estamos diante de uma excelente estratégia para a manutenção do *status quo*.

A teologia e sua consequente prática acumulativa – como instrumentos de imobilização e fixação – não reconhecem os homens como seres históricos. E, consequentemente, de acordo com Schipani (1984, p. 58), "a função profética da Igreja é suprimida e seu testemunho, então, significa medo de mudança e de transformação radical dentro de um mundo injusto".

Com isso, a teologia acaba se tornando prescritiva, ou seja, colocam-se as histórias de sucesso e como se chegar ao pleno sucesso em embalagens para serem vendidas a outras pessoas, como se Deus atuasse somente dessa ou daquela maneira. Basta seguir à risca o que determinada teologia prescreve a fim de se chegar ao objetivo máximo e continuamente desejável. Trata-se de uma teologia que fala da realidade como se ela existisse sem movimento, separada em compartimentos e previsível. Nas palavras de Ritzer (2002, p. 18):

> O McDonald's foi um pioneiro na rotinização do serviço interativo e permanece como um modelo de padronização extrema.

> A inovação não é desencorajada... ao menos entre os gerentes e franquias. Ironicamente, porém, o objetivo primeiro é procurar formas novas e inovadoras de criar uma experiência que seja exatamente a mesma, não importa em que McDonald's você entre, não importa em que lugar do mundo ele esteja.

No campo da teologia, o fiel simplesmente sabe que encontrará um lugar seguro, saudável e de sucesso etc. Ele simplesmente sabe o que vai receber, mesmo antes de orar. A ênfase teológica sobre a previsibilidade cria uma constante pressão para homogeneizar todo nosso entendimento de espiritualidade e de valores humanos; uma tendência para homogeneizar não somente os produtos, mas também as pessoas.

Assim, de acordo com Drane (2002, 155), há a inevitável tentação de processar as pessoas de modo que elas todas se tornem clones umas das outras. Podemos dizer que a grande tarefa deste tipo de "McTeologia" é tentar, de muitas e variadas maneiras, fazer o fiel (cliente) olhar, agir e pensar mais previsivelmente. A questão, portanto, pode ser colocada dessa forma: pensar autenticamente para esse tipo de teologia é profundamente perigoso e, por conta disso, se faz necessária a construção de fiéis previsíveis, mesmo que o resultado seja a negação pronta e acabada das possibilidades do ser humano em ser mais em uma sociedade que o reduz a menos.

A fé se torna previsível e mesmo as experiências pessoais são forjadas no mesmo molde. Assim, em qualquer contexto, a jornada de fé de uma pessoa parece a mesma jornada de outra. Isso acontece porque todos têm pacotes teológicos para pedir, ou seja, um indivíduo ouve a experiência de outros e tenta obter o mesmo para si.

A teologia, entretanto, não assume a marca da previsibilidade porque, necessariamente, discursa sobre o Outro (Deus) e em defesa da vida do outro (ser humano). Essa espécie de previsibilidade procurada pelas igrejas – e sua correspondente teologia – nega e contradiz a imprevisibilidade associada a Deus, incentivando o surgimento de religiões alternativas que são mais místicas e previsíveis. Afinal, a teologia fala de um Deus que é espírito e, portanto, fluido.

Talvez tenhamos sempre que conviver com a "síndrome de Salomão", ou seja, com o desejo de colocar Deus por todos os meios no Santo dos Santos e, dessa forma, aprisioná-lo a fim de melhor exercer controle sobre Ele. Esquecemo-nos da bela experiência do profeta Elias, em que somos apresentados ao conceito da imprevisibilidade de Deus:

> Javé lhe disse: "Saia e fique no alto da montanha, diante de Javé, pois Javé vai passar". Então aconteceu um furacão que de tão bravo rachava as montanhas e quebrava as rochas diante de Javé. No entanto, Javé não estava no furacão. Depois do furacão houve um terremoto. Javé porém não estava no terremoto. Depois do terremoto, apareceu o fogo, e Javé não estava no fogo. Depois do fogo, ouviu-se uma brisa suave. Ouvindo-a, Elias cobriu o rosto com o manto, e ficou na entrada da gruta (1 Rs 19,11-13).

De certa forma, podemos dizer que toda sorte de engessamento de Javé se apresenta como uma enorme contradição daquilo que Ele é!

3.3.4 Controle

Controle significa reduzir a possibilidade de variabilidade. Quanto mais se impõe o controle e, consequentemente, a passividade ao ser humano, mais ingenuamente ele tende a se adaptar ao mundo e à realidade parcializada que lhe é oferecida, em vez de transformá-la, bem como a si mesmo.

Ritzer (2002, p. 18) esclarece que o controle é "exercido sobre as pessoas que entram no mundo do McDonald's. Absolutamente tudo, filas, menus limitados, poucas opções e cadeiras desconfortáveis, levam os clientes a fazerem aquilo que o gerente mais deseja que eles façam – comer rapidamente e ir embora"; uma dimensão que procura o controle de metas a partir do controle das pessoas e da forma como essas pessoas trabalham. Nos relatos bíblicos há um caso que bem exemplifica o controle sobre os corpos e, simultaneamente, sobre o tempo desses mesmos corpos: o faraó passa a exigir dos escravos que produzam mais: "Não forneçam mais palha para o povo fazer tijolos, como antes. Que eles mesmos providenciem a palha. Mas exijam a mesma quantidade de tijolos que produziam antes. Não diminuam em nada" (Ex 5,6-8).

Um verdadeiro perigo se apresenta: a domesticação e a passividade não atingem tão somente o sujeito, mas também a realidade em que esse sujeito vive. Pode-se dizer que é o controle que garante a eficiência, a calculabilidade e a previsibilidade: programar a nós mesmos para aceitar certos resultados específicos, não deixando, assim, espaço para algo bem diferente, pode facilmente se tornar uma forma sutil de controle.

O controle é intensificado a partir da substituição do ser humano por tecnologia não humana. Ritzer (1993, p. 104) enfatiza: "tecnologia inclui não somente máquinas e ferramentas, mas também materiais, habilidades, conhecimento, regras, regulamentos, procedimentos e técnicas".

Numa perspectiva teológica, o controle é exercido com o mesmo objetivo: não criar. Para essa teologia, o pensamento e a decisão raramente são necessários. Sem o estímulo da reflexão e da autonomia do sujeito, as pessoas são mais fáceis de serem manipuladas. Utilizando a terminologia de Paulo Freire (1969, p. 20-21), é o que pode ser denominado de "educação bancária". Uma educação que busca a domesticação do ser humano, e não a sua liberdade. Esse tipo de educação faz do ser humano um sujeito passivo e desfigura sua condição humana. O humano é transformado numa coisa. Torna-se apenas um objeto, um depósito. E, consequentemente, sua consciência vazia é preenchida por pedaços de mundo digeridos por outras pessoas, com cujos resíduos pretendem criar conteúdos de consciência. Na verdade, mais e mais pessoas perderão a oportunidade, e talvez a habilidade, de pensar por elas mesmas.

Mas não nos enganemos: poder – e continuamos no mesmo ambiente do controle – e discurso teológico estão muito mais próximos do que podemos imaginar. Segundo Foucault (1990), o poder não é algo que se detém como uma coisa, como uma propriedade. Não existem de um lado os que têm o poder e de outro aqueles que se encontram dele alijados. Rigorosamente falando, o poder não existe; existem práticas ou relações de poder. O que significa dizer que o poder é algo que se exerce, que se efetua, que funciona. Não é um objeto, uma coisa, mas uma relação.

Para os cientistas sociais, é preciso trabalhar com a reflexividade das pessoas, porque os atores constroem a realidade social, e o fazem por meio de práticas da linguagem, pois as práticas sociais, no seu conjunto, já são urdidas por aquelas. Segundo Júlia Miranda (1999),

> embora nem toda a realidade social seja discurso, essa orientação permite chamar a atenção, inclusive, para o discurso cotidiano (*every day speech*) na análise da construção dos sujeitos coletivos. Nesse nível, é possível acompanhar a construção do sentido que as pessoas de um determinado grupo ou classe conferem à realidade, contribuindo para a identificação e objetivação do próprio grupo.

As palavras de Foucault (1990) falam por si mesmas:

> O poder produz; ele produz real; produz domínios de objetos e rituais de verdade. O poder possui uma eficácia produtiva, uma positividade. E é justamente esse aspecto que explica o fato de que tem como alvo o corpo humano, não para supliciá-lo, mutilá-lo, mas para aprimorá-lo, adestrá-lo. O que interessa basicamente ao poder não é expulsar os homens da vida social, impedir o exercício de suas atividades, e sim gerir a vida dos homens, controlá-los em suas ações para que seja possível e viável utilizá-los ao máximo, aproveitando suas potencialidades e utilizando um sistema de aperfeiçoamento gradual e contínuo de suas capacidades. Objetivo ao mesmo tempo econômico e político: aumento do efeito de seu trabalho, isto é, tornar os homens força de trabalho, dando-lhes uma utilidade econômica; diminuição de sua capacidade de revolta, de resistência, de luta, de insurreição contra as ordens do poder, isto é, tornar os homens dóceis politicamente. Portanto, aumentar a utilidade

> econômica e diminuir os inconvenientes, os perigos políticos; aumentar a força econômica e diminuir a força política.

Muitas vezes o entendimento que temos acerca do poder nos leva a percebê-lo enquanto coisa. Ora, essa concepção toma o poder como um fetiche e gera uma reificação ou uma fetichização ideológica do poder. Assim, faz-se necessário perceber o poder a partir do modo como ele nasce. É preciso, pois, examinar o poder como um processo, e não como uma substância estática.

Se de fato isto é verdade, podemos dizer que o poder não é uma coisa, mas sim uma relação. Uma relação entre pessoas que convivem em uma mesma sociedade. Assim, é certo dizer que a própria relação social é uma relação de poder, e que, de fato, toda relação social é uma relação de poder. Nesse contexto, o poder toma a forma de uma influência mútua. Desse modo, o poder está situado originariamente na base da sociedade, ele nasce ao pé de toda relação social.

Penso que a pergunta de Foucault (2002) se ajusta perfeitamente ao discurso teológico: que tipo de poder é esse capaz de produzir discursos de verdade de efeitos tão potentes numa sociedade como a nossa? Para Foucault (2002), na sociedade em que vivemos,

> múltiplas relações de poder perpassam, caracterizam, constituem o corpo social; elas não podem dissociar-se, nem estabelecer-se, nem funcionar sem uma produção, uma acumulação, uma circulação, um funcionamento do discurso verdadeiro. Não há exercício do poder sem uma certa economia dos discursos de verdade que funcionam nesse poder, a partir e através dele. Somos submetidos pelo poder à produção da verdade e só podemos exercer o poder mediante a produção da verdade.

Afinal de contas, somos julgados, condenados, classificados, obrigados a tarefas, destinados a certa maneira de viver ou a certa maneira de morrer, em função de discursos verdadeiros ou pretensamente verdadeiros daqueles que estão exercendo o controle.

Foucault (2002, p. 85) nos adverte a não tomar o poder como se fosse um fenômeno maciço e homogêneo, como se fosse "uma dominação de um indivíduo sobre outros, de um grupo sobre outros, de uma classe sobre as outras" e acrescenta que devemos

> ter em mente que o poder, exceto ao considerá-lo de muito alto e de muito longe, não é algo que se partilhe entre aqueles que o têm e que o detêm exclusivamente, e aqueles que não o têm e que são submetidos a ele. O poder, acho eu, deve ser analisado como uma coisa que circula, ou melhor, como uma coisa que só funciona em cadeia. Ele jamais está localizado aqui ou ali, jamais está entre as mãos de alguns, jamais é apossado como uma riqueza ou um bem. O poder funciona. O poder se exerce em rede e, nessa rede, não só os indivíduos circulam, mas estão sempre em posição de ser submetidos a esse poder e também de exercê-lo. Eles jamais são o alvo inerte ou consentidor do poder, são sempre seus intermediários. Em outras palavras, o poder transita pelos indivíduos, não se aplica a eles.

Utilizando a mesma percepção de Foucault sobre a burguesia, que não possui interesse pelos loucos, mas pelo poder que incide sobre os loucos, assim como não se interessa pela sexualidade da criança, mas pelo sistema de poder que controla a sexualidade da criança, poderíamos também afirmar que determinados tipos de teologia não se interessam pelos fiéis, mas pelo sistema de poder que circula entre os fiéis e que controla os fiéis.

Concordo que na base do poder estão os instrumentos efetivos de formação e de acúmulo de saber: são métodos de observação, técnicas de registro, procedimentos de investigação e de pesquisa, aparelhos de verificação. Isso quer dizer que o exercício do poder, em seus mecanismos finos, não pode acontecer sem a formação, a organização e o acionamento de um saber, ou melhor, aparelhos de saber que não são edifícios teológicos (Foucault, 2002).

O controle teológico inviabiliza a conscientização do indivíduo. Indivíduos não conscientizados ficam à mercê das decisões dos outros. Para Freire (1988, p. 60), na medida em que "a educação bancária anula o poder criador do educando ou o minimiza, estimulando sua ingenuidade e não sua criticidade, satisfaz os interesses dos opressores: para estes, o fundamental não é o desnudamento do mundo, a sua transformação".

Sabemos que o crescente individualismo das pessoas na sociedade moderna contribui para esse novo tipo de escravização e, consequentemente, um melhor controle. "Divida e governe" era o comprovado método romano de dominação. E como Moltmann (1999, p. 156) demonstrou,

> se quisermos governar outras pessoas, devemos separá-las umas das outras o mais possível, isolá-las, separá-las e individualizá-las. Quando, nesta divisão, chegarmos à entidade final e indivisível, esta será a pessoa subjugada propriamente dita. O indivíduo moderno é, portanto, o produto final de um método divida e governe. O que temos são indivíduos num mundo atomizado.

Porém, esses indivíduos não podem ser conscientizados – indivíduos conscientizados são perigosos para a "ordem" do discurso estabelecido, inclusive no âmbito do discurso teológico. Nesse sentido, quanto mais conscientização mais se "des-vela" a realidade e, consequentemente, mais se penetra na essência fenomênica do objeto que se pretende conhecer. Freire (1972, p. 30) assim se refere à conscientização: "a conscientização não pode existir fora da práxis [...] é um compromisso histórico. É também uma consciência histórica. É inserção crítica na história e implica que os seres humanos assumam o papel de sujeitos que fazem e refazem o mundo". Percebe-se, portanto, que todo e qualquer fazer teológico que proponha a domesticação dos seres humanos está, na verdade, propondo uma ação desumanizadora e, consequentemente, deixa de ser teologia porque nega a vida que deveria defender.

Talvez a principal tarefa das igrejas e de sua teologia em um futuro global seja uma tarefa pedagógica. Uma teologia que procure desenvolver a tomada de consciência e a atitude crítica, por meio da qual o ser humano poderá escolher e decidir: viver livre, em vez de submisso; reflexivo, em vez de domesticado; ativo, ao invés de passivo – como faz com demasiada frequência a teologia da prosperidade. As igrejas e suas correspondentes teologias devem ser testemunhas do Reino de Deus por meio do ensinar, do aprender e do viver em justiça.

É possível dizer que o sistema teológico da teologia da prosperidade também é similar a um panóptico (uma prisão circular com camadas e camadas de células, que dão para o centro do círculo. De um lado da prisão os guardas podem observar cada movimento dos prisioneiros e averiguar se seguem a rotina prescrita). Assim, a teologia da prosperidade chega a ser apenas um "ato de depositar", no qual os fiéis são os depósitos e o teólogo, aquele que deposita. E, em lugar de comunicar vida, o teólogo dá comunicados que os fiéis recebem pacientemente, aprendendo e repetindo diuturnamente. Nessa concepção acumulativa da teologia, todos aqueles que saem e/ou quebram a rotina são considerados violadores da ordem estabelecida. A rotina preestabelecida deve, necessariamente, ser seguida à risca. Seguir passos previamente prescritos elimina a maior parte das incertezas da vida, diriam esses teólogos.

Romper com uma teologia que nutre relações íntimas e incestuosas com o poder é condição indispensável. O padrão descrito por Hobbes (1987, p. 133) certamente não é o mais indicado:

> Assinalo, em primeiro lugar, como tendência geral de todos os homens um perpétuo e irrequieto desejo de poder e mais poder, que cessa apenas com a morte. E a causa disso nem sempre é que se espera um prazer mais intenso...mas o fato de não se poder garantir o poder [...] sem adquirir mais poder ainda.

Portanto, não é o poder como tal que parece enlouquecido, mas o ser humano – o poderoso – que está possuído por uma compulsão, por um desejo imoderado – a libido dominandi – que é a sua agressividade desequilibrada, dividida e machucada.

Para escapar do controle e da submissão do discurso religioso, talvez seja necessário recuperar que o processo de ensino-aprendizagem teológico postula a articulação de dupla perspectiva: a socialização do conhecimento e a construção do conhecimento. Estamos, portanto, em contato com conceitos que giram ao redor da monossemia e da polissemia. Orlandi acentua que "o sentido (os sentidos) de um discurso escapa(m) ao domínio exclusivo do locutor. Poderíamos, então, dizer que todo discurso, por definição, é polissêmico, sendo que o discurso autoritário tende a estancar a polissemia" (Orlandi, 1987, p. 45). Enquanto poder, o discurso teológico monossêmico teme todas as transformações que coloquem em risco a segurança do poder adquirido. E o poder por si mesmo jamais abdica.

A teologia, ao libertar o ser humano, passa a vê-lo como sujeito que reflete sobre sua própria situação. Quanto mais reflete sobre a sua realidade, mais emerge uma consciência comprometida e pronta a intervir na realidade a fim de transformá-la.

CAPÍTULO 4

Nem só de vitória viverá o ser humano

O discurso teológico que estabelece o espaço da vitória e, por conseguinte, da prosperidade como ambiente fundamentalmente divino, não é uma concepção nova na história. A identificação da vitória com a verdade e a justiça, alinhadas ao lado dos que dominam, pode ser encontrada por exemplo em Flávio Josefo (1998, p. 258-60), quando narra o pronunciamento do general Agripa aos judeus, em uma tentativa de dissuadi-los de iniciar uma guerra contra o Império Romano:

> Se todos os que vivem debaixo do céu temem e honram as armas dos romanos, quereis vós fazer-lhes guerra? [...] Pois a quem tomareis por companheiros para a guerra? [...] Se não há outra ajuda nem socorro senão o de Deus; mas a este também os ro-

> manos o têm, porque, sem sua particular ajuda, seria impossível que tal e tão grande império permanecesse e se conservasse.

Na verdade, estamos acostumados a pensar a partir da lógica dos vencedores e da vitória. Essa lógica crê que todos aqueles que morrem antes do tempo por causa da pobreza ou ainda de alguma doença facilmente curável é porque já estavam fadados à derrota. São vítimas porque são derrotados. São derrotados porque o Deus da vitória não se encontra ao seu lado. É a lógica do império que procura domesticar o discurso, suavizando-o para que não estabeleça espaços de conflito.

Os mesmos romanos, por exemplo, permitiam o exercício da religião judaica apenas se ela se limitasse à mera celebração cúltica, isto é, à crença pessoal e como reforço da ordem social e local estabelecida segundo os critérios do próprio império. Contudo, a partir do momento em que a crença se tornasse mais coletiva e assumisse implicações políticas, os romanos intervinham com sua costumeira repressão física. A presença de tropas romanas estacionadas na porta do Templo é um ótimo exemplo de como a celebração religiosa judaica estava limitada, forçosamente limitada. Ato consequente da ingerência romana sobre os judeus da palestina pode ser percebido na maneira como os fariseus alteraram por completo a maneira de se relacionar com a religião: ao ver o exercício sociopolítico da Torá bloqueado, passam a focalizar a religião sobre a piedade e pureza de seu grupo!

Nesse tipo de lógica, Deus se encontra ao lado daqueles que são vitoriosos, em meio a uma multidão de derrotados. Essa parece ser a chave hermenêutica utilizada por Franz Hinkelammert quando, ao analisar o Messias de Handel sendo cantado pela primeira vez em Londres, associa-o também às tropas inglesas em marcha para a conquista da Índia. O messias caminha a passos largos para dominar as forças pagãs da Índia. Mas, como bem conclui Hinkelammert (1986, p. 39), "Jesus também estava na Índia e, todavia, não estava ao lado desse Messias". Não é de se estranhar que, desde Constantino, a teologia do reino de Deus tem sido associada ao Império Cristão.

Penso que a teologia precisa se libertar da história triunfalista ocidental e se abrir novamente para os relatos bíblicos sobre o sofrimento do povo de Deus. Moltmann (1999, p. 182) enfatiza essa ideia ao afirmar que "os vitoriosos da história são intocáveis e apáticos porque são todo-poderosos. Eles não têm nenhum sentimento pelo sofrimento de suas vítimas porque são incapazes de sentir culpa. Igual a seu Deus, eles são onipotentes e impassíveis".

Nessa visão triunfal, o próprio Deus passa a ser representado dentro da lógica daquele que detém o domínio socioeconômico e político. A partir dessa leitura fundamental, todas as outras leituras passam a ser consideradas inoportunas e heréticas. Deus, nessa representação, é sempre exteriorizado como representante do rico, do vitorioso e do saudável. Assim, tanto o céu quanto a terra passam para o controle dos dominantes. Suas portas são severamente vigiadas e não é possível a entrada de qualquer um. A vítima deixa de ter direitos tanto no Céu quanto na Terra. Nesse sentido, a diminuição de seus direitos na Terra é o mais justo reflexo da realidade celestial. Consequentemente, Deus não está mais ao lado dos pobres e excluídos. Ao contrário, está contra!

A visão triunfalista se esquece das palavras de Bonhoeffer (1971, p. 219-20) quando diz que a Bíblia "dirige (o ser humano) para um Deus sem poder e sofredor. Ele é fraco e sem poder no mundo, e este é exatamente o modo, o único modo, pelo qual Ele pode estar conosco e nos socorrer". O próprio Bonhoeffer (1971, p. 361ss), a partir de sua experiência pessoal, em 1944, no interior de sua cela, descobriu que "somente o Deus sofredor pode ajudar".

Deus, portanto, não pode ser encontrado entre os poderosos, mas entre aqueles que sofrem e aqueles aos quais não é dado nenhum futuro. No entanto, devemos categoricamente deixar claro que Ele sofre não em decorrência de uma tendência masoquista, pois não há glorificação no sofrimento. Ao contrário, Deus sofre porque Ele participa nas dores daqueles que são oprimidos e que vivem sem esperança.

Talvez estejamos vivendo anos de acomodação teológica – não somente uma igreja acomodada à sociedade que a gerou, mas também a uma teologia que aliena, em vez de questionar a sociedade. A preocupação é com a riqueza, a saúde, a estabilidade, a grife, o carro e o shopping center. E, por causa disso, não há muita preocupação social. Entretanto, num mundo marcado por atos de violência contra a vida em todos os níveis – contra o povo, contra a natureza, contra o futuro da vida – faz-se importante relembrar as palavras de Moltmann (1999, p. 69):

> O amor e a reverência pela vida devem ter um novo despertar para que possam confrontar o crescente cinismo que se espalha pelos países [...] A proteção da vida do fraco, a proteção da vida de nossos semelhantes e a proteção do futuro da vida que partilhamos: essas coisas devem ser reforçadas a fim de conter as brutais estruturas da morte.

Na experiência da comunidade dos discípulos de Jesus, o discurso teológico se apresentava como um instrumento criador de comunidade. Se trata exatamente do inverso da lógica perversa que coloca o progresso e o pauperismo como irmãos gêmeos.

O grito de Jesus na cruz – "Deus meu, Deus meu, por que me desamparaste?" – representa e reflete o grito que toda vítima e excluído do sistema têm na garganta. E, por que não dizer, representa a continuação do grito de Jó. O desespero de Jesus é a expressão mais clara do desespero dos pobres, indefesos e derrotados, na cruz que "não é a absolutização ou justificação do sofrimento, ou o anúncio do triunfo final das ambigüidades na história" (Alves, 1969, p. 120). A vida e o sofrimento de Jesus mostram que Deus não está separado dos sofrimentos da humanidade. Ele está meramente tolerando ou curando o sofrimento humano; Deus não age no vácuo. Ele não é mero espectador, mas está participando conosco em nossa história.

O Evangelho é o anúncio da realidade histórica da contínua política de Deus, que expressou a si mesmo, não como uma experiência mística ou filosófica, mas como um poder que invade a própria história. As comunidades do Novo Testamento confessavam Jesus como um "servo" (João 13). Podemos dizer que a linguagem da teologia permanece derivada da história e comprometida com a história. Segundo Alves (1969, p. 100), Jesus deve ser entendido como o poder e como a norma da política histórica de Deus em relação à libertação humana. Portanto, quando falamos sobre Jesus, estamos falando a respeito da história, a respeito da contínua política da graça na história e, consequentemente, sobre o triunfo do ser humano na história. Certamente, não estamos falando a respeito da redução do ser humano a um mero valor econômico.

Na encarnação, podemos perceber o que realmente significa a identificação de Deus com o fraco, o pobre e o doente: "ele, embora fosse rico, se tornou pobre por causa de vocês" (2 Coríntios 8,9). Que declaração! Deus não se tornou carne como um aristocrata rico – sinônimo de sucesso. Sider (1997, p. 51) caracteriza esta relação entre sucesso e derrota afirmando que, por meio de Jesus,

> Deus poderia ter entrado na história como um poderoso imperador romano, vivendo com luxuoso poder no centro do maior império daquele tempo. Ou poderia ter aparecido ao menos como um influente saduceu com um proeminente lugar no Sinédrio na cidade santa de Jerusalém. Ao invés disso, ele veio como um carpinteiro na pequena cidade de Nazaré – lugar insignificante demais para ser mencionado tanto no Antigo Testamento como nos escritos de Josefo, o historiador judeu do primeiro século.

Jesus não pode ser separado de sua vida. Ele sofre sob o poder das estruturas legais e religiosas que escravizam o ser humano. Consequentemente, ele vê a si mesmo identificado com as vítimas desses poderes: os proscritos, as prostitutas, os incapazes, os pobres, os doentes, os leprosos, os pecadores etc. Todos eles foram derrotados e fracassados em sua história pessoal e social. Todas essas pessoas, e a lista poderia se tornar muito maior com o aumento do número de "faces" de pobres na contemporaneidade, não conseguiriam preencher e passar pelos critérios estipulados pela teologia da prosperidade. Muito possivelmente, diante do sofrimento de cada um deles e do futuro que está comprometido porque o presente se encontra em estado de caos, esse tipo de teologia diria: "decididamente, Deus não está com eles". Segundo essa lógica, o próprio Jesus não deveria ser considerado uma pessoa de sucesso.

Essas expressões, sem dúvida, soam estranhas. Não estamos acostumados a elas. Afinal, também a nossa lógica está fortemente associada ao conceito de vitória. E, dentro dessa premissa, não há a mínima possibilidade do discurso da teologia da prosperidade colocar nos lábios de Jesus sentimentos tão sonoros de frustração e de derrota. Essa lógica não permite que nos acostumemos com a ideia de que no centro da fé cristã deve-se ouvir um grito do salvador – Jesus – abandonado por Deus na cruz.

Talvez pudéssemos pensar que o grito na cruz, por revelar fraqueza, fosse um forte indicador da não divindade de Jesus. Em outras palavras, Jesus deixaria de ser filho de Deus por sentir dor e expressar a profunda insatisfação com o seu abandono? Certamente não. Por mais terrível que o grito de morte de Jesus possa parecer, ele encontra uma lógica na lógica dos discípulos; um lamento que é importante para a vida, pois é o grito com o qual se identificam tantos seres humanos, tão penalizados quanto o próprio Jesus. Algumas palavras de Moltmann (1997, p. 66) ajudam a iluminar essa questão:

> Deus está sempre ao lado das vítimas – na verdade Ele mesmo é a vítima com e entre as vítimas daqueles que exercem o poder. A história do sofrimento do mundo também é a história do sofrimento de Deus; o Deus que não permite meramente a ação do mal, porque deseja que homens e mulheres sejam livres, mas também aquele que suporta a ação do mal sobre as vítimas, e recebe só as vítimas na comunidade eterna com ele. Um Deus que não pode sentir o sofrimento também não pode nos entender.

A lógica perversa da teologia McDonaldizada nos impede de ver com clareza que a sorte dos mais fracos e pobres é justamente a medida do êxito de qualquer sociedade. Ao menos esse é o padrão da experiência bíblica que nos lembra que, em Israel, os reis eram julgados conforme a defesa dos desamparados da sociedade (tais como as viúvas, os órfãos e os estrangeiros) dos abusos dos mais ricos; ou nos lembra ainda da voz do profeta Amós se levantando para condenar os habitantes da cidade de Samaria que viviam se divertindo e não agiam solidariamente para com aqueles considerados "miséria de José" (Amós 6,1-6). Nesse mesmo espírito, podemos mencionar Javé, o Deus de Israel, que não faz acepção de pessoas, dá pão ao órfão e à viúva (cf. Deuteronômio 10,16-19).

Pelo fato de vivermos numa sociedade em que somente os vitoriosos são recompensados e, por isso mesmo, possuem uma condição de mais "humanidade", os perdedores são levados a adotar valores que se apoiam na competição no mercado público e condenam a eles mesmos como fracassados. A eles, nas palavras de Moltmann (1999, p. 163),

> menos dinheiro, menos valor, menos auto-confiança. Aqui, a sociedade de mercado, que recompensa somente os competentes e bem sucedidos, traz consigo graves problemas pessoais e familiares. Ela acabou com a antiga sociedade baseada nas camadas sociais, na qual as pessoas encontravam sua identidade conforme seu nascimento, família e nação; a sociedade de mercado agora avalia somente o desempenho e o seu sucesso.

Todos nós sabemos que aqueles que pertencem a essa categoria de excluídos precisam, necessariamente, manter em sigilo seu maior segredo: sua condição familiar. Nas cidades brasileiras com grandes favelas ou bairros que abrigam grande concentração de pobres, é muito comum que, ao sair para procurar emprego, as pessoas se vejam forçadas a falsificar seu endereço residencial quando preenchem sua ficha cadastral. Isso acontece porque, se colocarem seu endereço correto, serão eliminados por possuírem uma localização social periférica. Assim, logo de partida, esse candidato pobre estaria condenado ao desemprego permanente, se não recorresse a um estratagema.

A situação é completamente desumana: o pobre necessita negar até mesmo seu lugar social – suas raízes. Não somente sua subjetividade corre risco, mas também sua história e a do grupo a que ele pertence. A negação de seu mundo serviria, nesse caso, como um bilhete para a sua possível entrada em um outro mundo que, definitivamente, nunca será seu.

Assim, é preciso mudar essa lógica perversa que condena tanto o ser humano quanto o próprio Deus. E, ao inverter a lógica, começamos a perceber que quando um ser humano sofre o tormento da fome, o próprio Deus é atormentado; quando um sem-teto morre de frio, o próprio Deus sofre a morte do sem-teto. "Se eu faço a minha cama no inferno, você está lá", diz o Salmo 139,8 a respeito da onipresença de Deus; mesmo no inferno da fome, do fracasso, da doença e do sofrimento, Deus está lá – não como o Senhor da História, mas como uma vítima entre milhões de outras vítimas.

4.1 À procura do lugar social de Deus

Como afirmar a soberania da vitória numa sociedade de derrotados? A teologia se apresenta constante e continuamente como um testemunho do evangelho e, portanto, da vida. Não é possível desvincular a teologia da vida sob o risco de condenarmos a teologia a uma antiteologia. Sem esses olhos, um testemunho não é senão visionário e, sem essa sensibilidade, um teólogo não é senão um charlatão que prega a pura ilusão. Todavia, constantemente procuramos pelos sinais da presença de Deus e os buscamos em nossos rendimentos, em nossos grandes templos, em nossas relações com pessoas de prestígio e em nossas estatísticas.

A preocupação de Kitamori (1986, p. 23) é fundamental quando ele propõe que o próprio Deus foi sacudido, ferido e sofreu por ter abraçado aqueles que não deveriam ser abraçados. Depois de tal afirmação, é totalmente óbvio que um Deus que não se envolve com nada e que não se identifica com ninguém é um Deus sem dor. Podemos dizer que o Deus que sofre é o único que pode abraçar as vítimas da história com solidariedade. A isso, Alves (1969, p. 116-117) acrescenta:

> O escravo pode esquecer do seu sofrimento, mas Deus não. Deus é o Deus do sofrimento, o Deus que não permite que as dores da história sejam sempre contempladas do alto e curadas pelo poder hipnótico da política da preservação... Deus não é

> a explicação das dores do mundo. Ao contrário, ele é o poder permanente que nega a justiça e o direito de sofrer na história sendo ele mesmo: o Deus que sofre.

Hegel, entretanto, tinha outra concepção. Ele afirma que Deus, apesar de abraçar a todos, não padece de dor. "Ele continua sendo um ser universal, imperturbável e invulnerável; um Deus que se protege de qualquer problema" (*apud* Kitamori, 1986, p. 33). Nesse sentido, o Deus de Hegel não é capaz de sofrer com nenhum tipo de ferida. Ele é apresentado como a representação do Deus que engloba tudo. O Deus de Hegel não pode chorar porque não tem lágrimas. Mas um Deus que não pode sofrer, também não pode amar; Ele é um Deus sem amor. Se alguém é capaz de sofrer é porque é capaz de amar, e sofre sempre na medida que ama. Se alguém matar todo o amor que há em si, não sofrerá mais, mas se tornará apático.

Concordar com Moltman (1990, p. 222) é quase que inevitável quando ele argumenta:

> Um Deus que não pode sofrer é mais pobre do que qualquer homem. Pois um Deus que é incapaz de sofrer é um ser que não pode ser envolvido. Sofrimento e injustiça não o afetam. E porque ele é completamente insensível, não pode ser afetado ou sacudido por ninguém.

Estamos diante da representação de uma divindade com uma qualidade abstrata em meio a situações extremamente concretas. Esse tipo de representação certamente ignora a história humana marcada pela dor, sofrimento, pobreza e derrota. Qualquer teologia que fracassa em sua contribuição decisiva para o conceito de um Deus que se solidariza com as vítimas da sociedade deveria se abster de se pronunciar definitivamente sobre qualquer assunto. Von Rad (1967, p. 121, volume I) defende que "até as confissões mais primeiras sobre Iahweh foram historicamente determinadas", isto é, elas conectam o nome desse Deus com alguma declaração a respeito de uma ação na história. Assim, a linguagem a respeito de Deus (teologia) é uma linguagem sobre eventos, seu poder e sua promessa.

Justiça e julgamento são duas palavras-chave na Bíblia. A prática delas é um dos grandes mandamentos bíblicos (Gênesis 18,19), porque elas representam a tarefa com a qual o próprio Deus está comprometido. Entretanto, justiça e julgamento não podem ser promovidos de forma abstrata, mas somente em relação às situações desumanas em que vivem órfãos, viúvas e estrangeiros, ou seja, pobres.

A obrigação de cuidar do pobre significa, inquestionavelmente, que eles não estão sendo punidos por Deus pelo fato de serem pobres – como a teologia da prosperidade assegura –, mas, ao contrário, significa que são amigos de Deus. Consequentemente, dar ao necessitado é dar a Deus – "Quem ajuda o pobre empresta a Deus" (Provérbios 19,17) – e, de modo inverso, "Quem oprime o fraco ofende a Deus" (Provérbios 14,31). Todas as implicações dessa atitude e toda a extensão da obrigação que ela impõe são reveladas quando o próprio Cristo se identifica com os pobres deste mundo (Mateus 25,31-46).

A linguagem da teologia da prosperidade nem mesmo chega perto de um Deus que mostra preferência pelo pobre, precisamente porque o amor divino se recusa terminantemente a ser confinado à categoria daquilo que é descartável. Deus tem um amor preferencial pelos pobres, não porque eles são necessariamente melhores do que os outros – moral ou religiosamente –, mas simplesmente porque eles são vítimas e vivem em uma situação desumana que é contrária ao desejo do próprio Deus.

Uma leitura atenta do Salmo (22,7-9; 15-18) mostra-nos o testemunho de alguém que relata sua desgraça e desamparo, mas que em momento algum alude a faltas pessoais que o fariam merecedor de tal adversidade. Ao contrário, trata-se de um inocente tratado injustamente. Sua situação é de sofrimento e de isolamento, como de qualquer pessoa que se sente mergulhada em condições desumanas. Contudo, permanece firme. Em sua teologia, ele sabe que seu Deus quer a justiça e que Ele o protege e o escuta.

A ação de Deus se manifesta libertadoramente onde se encontra o derrotado, o pobre, a vítima e o doente. Não devemos procurá-lo em outro lugar. Javé é Deus a partir de acontecimentos históricos concretos. Por isso, devemos estar atentos ao que se passa ao nosso redor. Caso contrário, corremos o risco de um desencontro teológico cuja linguagem se recusa a abandonar a história em busca de um princípio meta-histórico no qual as contradições da história são reconciliadas transcendentalmente. Não devemos procurar pela presença de Deus onde ele não se encontra, mas sim onde sua presença é certa e o seu ser-falar-agir possui a dinâmica libertadora que lhe é peculiar. Segundo Alves, (1986, p. 90), "a linguagem bíblica a respeito de Deus não descreve uma ontologia ou uma metafísica. Ela se refere ao que aconteceu, o que acontece e o que pode acontecer na história".

Se procurarmos na Bíblia por uma resposta à pergunta "Quem é Deus?", encontraremos uma resposta enraizada na história da liberdade de um povo que não nos sai da memória:

> Meu pai era um arameu errante: ele desceu ao Egito e aí residiu com poucas pessoas. Depois se tornou uma nação grande, forte e numerosa. Os egípcios, porém, nos maltrataram e humilharam, impondo uma dura servidão sobre nós. Clamamos então a Javé, Deus dos nossos antepassados, e Javé ouviu a nossa voz. Ele viu nossa miséria, nosso sofrimento e nossa opressão. E Javé nos tirou do Egito com mão forte e braço estendido, em meio a grande terror, com sinais e prodígios. E nos trouxe a este lugar, dando-nos esta terra: uma terra onde corre leite e mel (Deuteronômio 26,5-9).

A experiência do Êxodo é a experiência que fundamenta a fé bíblica. Ela nos insere num contexto onde os seres humanos estão condenados a viver na periferia da vida sem qualquer perspectiva de esperança. Por essa razão, podemos encontrar nos relatos sobre essa experiência expressões que revelam com toda crueza a lamentável situação das pessoas escravizadas. Essas pessoas que lamentam sabem que, para Deus, o sofrimento não é uma situação ideal e, por isso, a lamentação expressa uma aspiração pela plenitude de vida.

O ambiente religioso do antigo Oriente Próximo nos lembra que os faraós-governantes eram considerados "filhos de Deus". Nesse contexto, o reconhecimento de um Deus libertador e sua celebração – pelos escravos – com uma nova linguagem, nos leva a pensar que em sentido oposto ao Deus libertador, há deuses opressores que, quando invocados e nomeados, refletem a própria consciência do opressor.

Era exatamente essa a situação no antigo Oriente Médio, onde o Deus triunfante e organizador do cosmos é, ao mesmo tempo, o patrono da dinastia reinante e protetor da Cidade-Estado que detém a hegemonia política. Esse é o caso de Marduque da Babilônia, de Amon no Egito e de tantos outros. Deuses como esses, de acordo com Croatto (1985, p. 45), transformam-se facilmente em arquétipos da dominação de um povo sobre outro.

Mas se o mundo é sagrado e pertence aos deuses, pois foi por eles organizado, logo a marginalização do ser humano é inevitável. O mundo não tem lugar para ele. Seu destino é trabalhar para os deuses. No Oriente Médio, isso é bastante claro: a economia estava centrada no templo, que compreendia o palácio do rei, e o ser humano possuía somente uma implicação econômica, nada mais. Os deuses, que eram os legítimos proprietários da terra, tinham no rei o seu representante na terra que, por isso mesmo, possuía algo de divino. Dessa forma, tudo o que de algum modo se relacionasse com o divino poderia ser monopolizado pelo rei. Essa é uma forma muito disfarçada de justificar o poder absoluto do rei, que podia então dispor da riqueza do país, exigir pesados tributos e impostos ou dispor de trabalhadores para as suas necessidades.

A experiência do êxodo pode ser lida como exemplo de uma história de encontro. Ela mostra a relação intrínseca entre o Deus libertador, que se insere na história, e o povo, que vive na periferia da história. Deus usa uma situação histórica de dor e de derrota para se revelar e, assim, agir. Ele se manifesta para ser veículo de liberdade. Sua manifestação é intencional. Sua presença não é desinteressada. Javé não está mais nas alturas, local onde os povos nos tempos do Antigo Testamento – incluindo os amigos de Jó – imaginavam ser a morada de Deus. Por isso temos a tendência de localizar a autorrevelação de Javé na história do povo oprimido em uma situação de antivida. A teofania é, portanto, o projeto da história de Javé libertador, irrompendo na anti-história, levando-nos a compreender o seu domínio sobre a própria história da humanidade. A libertação dos escravos estava no coração de um Deus solidário. A passagem seguinte torna claro o propósito multifacetado de Deus no Êxodo:

> Eu ouvi os gemidos dos filhos de Israel, escravizados pelos egípcios, e me lembrei da minha aliança. Portanto, diga aos filhos de Israel: Eu sou Javé. Eu tirarei de cima de vocês as cargas do Egito. Eu os libertarei da escravidão e os resgatarei com mão estendida, fazendo justiça solene. Eu os adotarei como meu povo e serei o Deus de vocês, aquele que tira de cima de vocês as cargas do Egito (Êxodo 6,5-7).

A autorrevelação de Javé se faz concreta em um caminho que desvenda o desejo de Deus em revelar seus atos libertadores na história das vítimas da sociedade. Como diz Gustavo Gutierrez (1984, p. 328), "Javé é um Deus que age desde o reverso da história", ou seja, atua na impossibilidade dos que não têm condições de gerar história. Age numa situação de plena antivida, de opressão, para criar um projeto sociopolítico e igualitário.

Em momento de profunda negação da vida humana na história, Javé se apresenta solidariamente na história. Começa, então, a ser redigida uma história e, por que não dizer, uma teologia a partir do fracassado, do oprimido, do marginalizado. Ao irromper na história do povo que vivia na periferia, Javé propõe vida ao invés de morte. A história do ser humano passa a ser o lugar privilegiado em que Javé revela a sua face. Ela é a experiência do encontro com Deus que vive e participa da luta pela libertação, comprometido com a transformação da realidade para a libertação dos oprimidos.

A presença de Javé parece ser a característica predominante de que a libertação está próxima. Algo está para acontecer. Ele se manifesta justamente porque não pode ficar neutro diante dos acontecimentos da história. É preciso, então, se manifestar, se autorrevelar ao lado dos que sofrem e são derrotados pelo sistema político-social.

Sabendo que Deus se revela na história e para a liberdade, surge uma pergunta: como perceber a presença de Deus hoje? A indicação que demos anteriormente leva-nos a optar por aqueles que vivem na periferia do mundo. Isso porque cremos que onde há maior necessidade de vida abundante, é ali que Deus se revela. Deus foi, é e sempre será o pai do órfão, o protetor da viúva, o descanso para o estrangeiro e o restaurador do oprimido.

Aprofundando a resposta à pergunta que fizemos, diríamos que Deus não está exclusivamente nas catedrais, cultos e corais; mas muito mais na vida do povo sofrido. Karl Barth (1986, p. 352) assim se manifesta a esse respeito:

> Deus coloca-se ao lado dos pobres. Não há nenhuma passagem na Bíblia em que sejam proclamados os direitos dos ricos e onde Deus apareça como o Senhor e salvador dos ricos e de sua riqueza. Ao contrário, há passagens em que são proclamados os direitos dos pobres. Como também não há nenhuma passagem na Bíblia em que seja tributada às riquezas qualquer coisa semelhante a louvor, em que as pessoas ricas sejam confirmadas e exaltadas. Ao contrário, os pobres são enaltecidos como bem-aventurados, são designados de eleitos de Deus, a palavra pobre é sinônima de o justo. Aquele a quem a Bíblia chama de Deus toma partido em favor dos pobres.

Quando vamos à Bíblia, vemos que a relação Javé-povo não pode ser menos do que uma relação pessoal. Pois assim ele é e assim se comunica. É uma comunicação que pede resposta, pois Javé, com sua dinâmica, quer ver a história acontecer.

O fato de Javé se comunicar com o objetivo de libertação mostra-nos que ele é simpático ao ser humano oprimido. A apatia não faz parte de seu ser, tornando-o mesquinho, isolado e alienado. Javé não pode ser comparado, conforme a teologia bíblica assim o exige, a uma potência celeste fria, isolada e desvinculada do mundo e da história do ser humano. A citação de Moltmann (1997, p. 270), ainda que longa, faz-se necessária:

> Os profetas não fazem nenhuma "ideia" de Deus, mas vêem a si e o povo na situação de Deus. Heschel chama essa situação de Deus como pathos de Deus. Esse pathos nada tem a ver com emoções humanas como desejo, raiva, ansiedade, inveja ou simpatia, mas descreve o modo pelo qual Deus é afetado pelos eventos, as ações e o sofrimento humano na história. Deus é afetado por eles porque está interessado em sua criação, em seu povo e em seu direito. A história do pathos divino está encharcada da história do homem.

Assim, não podemos identificar o pathos de Deus com o seu ser, já que para os profetas esse pathos não é algo absoluto, mas a forma de seu relacionamento com outros. O "pathos" divino é expresso no relacionamento de Deus com o seu povo. O conceito de um Deus apático era inevitavelmente estranho para o povo de Deus na Bíblia. A simpatia de Javé é revelada por meio de sua comunicação. Por isso, podemos dizer que sua proximidade é experienciada em seu pathos, e seu pathos é seu amor à liberdade, seu interesse apaixonado pela vida ante a morte. Isso o faz sensível. Deus sofre em sua paixão pela liberdade dos que sofrem. Sofre pelo oprimido, pelo desprivilegiado, porque sente a dor, ouve o grito angustiante dos que vivem na periferia.

Isso que temos visto não é nada mais do que o Deus Todo-Poderoso, todo santo, saindo de si para se relacionar com o povo de sua escolha. E, quando ele sai de si para o outro, tudo muda. O divino começa a participar da história humana. Quando fala, as situações mudam. Há, com isso, o surgimento de vida e esperança onde até então não havia. Isso indica que, quando Javé se comunica, ele atua. Sua palavra – e a construção teológica dela derivada – nunca é teoria, mas ação em favor da vida.

Na experiência do Êxodo, quando vemos Deus privilegiando a história como local de atuação, temos em mente a solidarização divina sendo efetivada. Poderíamos denominar esse fato como a ação do Deus solidário. Esse é o sentido mais provável da presença de Javé: o fato de solidarizar-se com a causa dos que vivem na periferia. O ambiente de dor e de derrota é o lugar onde se vive a experiência de Deus. Onde está o pobre, o oprimido, o pequeno, lá está o Deus que vem agir solidariamente. O sofrimento é, pois, o elemento que estabelece a solidariedade de Javé em sua relação com o povo oprimido.

Trata-se de um binômio composto de solidariedade e de dor. São dois processos de uma só história. Quanto maior a opressão, a dor, maior será a solidariedade. Quanto maior a opressão e a dor, maior será a presença de Javé, maior será a relação entre libertador e libertado, e maior será a vivência de uma espiritualidade libertadora; uma espiritualidade que nasce num contexto de solidariedade para com a vida, que rompe definitivamente com as amarras da opressão. Portanto, podemos dizer que Deus já está presente, porque ele mora entre as vítimas e os sofredores, confortando-os por meio de seu eterno companheirismo.

Entretanto, precisamos também observar que a ação simpática de Deus provoca uma resposta nas pessoas. Elas mesmas saem de seu estado de letargia e se abrem em solidariedade para o mundo das outras pessoas. Quebra-se, portanto, também a possibilidade do individualismo e da apatia no convívio humano. Segundo Moltmann (1997, p. 272),

> no âmbito de um Deus apático, o homem se torna um *homo apatheticus*. Na situação do *pathos* de Deus, ele se torna *homo sympatheticus*. O pathos divino é refletido na participação do homem, em suas esperanças e em suas orações. Simpatia é a abertura de uma pessoa para o presente de outra. Ela tem a estrutura do diálogo. No *pathos* de Deus, o homem é preenchido com o espírito de Deus. Ele torna-se amigo de Deus, sente simpatia por Deus e com Deus. Ele sofre com o sofrimento de Deus. Ele ama com o amor de Deus. Ele espera com a esperança de Deus.

Javé é, com efeito, um Deus que se coloca junto ao ser humano, junto à sua dor, ao seu drama de sobreviver em meio às situações injustas, estreitamente interessado em sua vida, em seu desenvolvimento rumo a uma vida digna. Quando Deus entra e participa do contexto social da vida humana, Ele se apropria das ideias e ações dos que vivem na periferia como se elas fossem suas. As palavras e ações dos oprimidos se transformam em palavra e ação do próprio Deus. Elas não pertencem mais aos oprimidos. Devemos entender que o fato de Deus se solidarizar em favor dos oprimidos é absoluto, pois Javé toma sobre si a condição humilhada deles e assim abre um novo futuro para os pobres. O companheirismo e a solidariedade de Deus são o começo e o fim da libertação.

Tal solidariedade para com o povo é a força motriz que efetiva a transformação radical de sua condição. A solidariedade com a vida implica o exercício do amor, do comprometimento com a justiça e o exercício da não solidarização com o cultivo do privilégio. Segundo Cesar (1981, p. 215), a Bíblia não conhece nenhum movimento libertador abstrato. A solidariedade só se torna fato pela presença de Javé. A solidariedade é uma forma de crítica ao sistema religioso do antigo Oriente Médio, cujos deuses eram legitimadores de uma ideologia de opressão, deuses apáticos que não interferiam na vida do povo sofrido. Ao contrário, legitimavam os atos dos governadores e reis que agiam contra os interesses do povo e em benefício próprio. Uma religiosidade de vitoriosos para vitoriosos! A esse respeito, Severino Croatto (1995, p. 55) explica que:

> Realeza era vista como um dom dos deuses. O rei era, portanto, o concessionário dos direitos divinos sobre a terra. O rei de uma cidade-estado e o seu deus tutelar equivalem-se estruturalmente, embora em planos diferentes. As funções são paralelas. Em ambos os casos, há uma acumulação de poder que se redistribui entre os subalternos em grau que vai descendo até o escravo. Já que a ordem social vigente era aceita pela tradição (e, portanto, introjetada) como cópia de um modelo divino, ela era tida como perfeita e eterna. Trata-se de uma forma muito encoberta de justificar o poder onímodo do rei, que podia então dispor da riqueza do país, exigir pesados tributos e impostos ou dispor de trabalhadores para as suas necessidades.

A relação que podemos estabelecer é clara: Javé e o povo escravo no Egito se unem contra os deuses propagadores da antivida e contra o sistema político de faraó. Esse confronto irá se tornar, na memória subversiva do Êxodo, a expressão de fé de todos os marginalizados existentes. Essa informação pode ser confirmada a partir do preâmbulo dos Dez Mandamentos, que começa com uma informação revolucionária. Antes de dar a Moisés as duas tábuas da lei, Iahweh identifica a si mesmo: "Eu sou o Senhor seu Deus, que libertou você da terra do Egito, para fora da casa de servidão" (Deuteronômio 5,5; Êxodo 20,2). Iahweh é o único que livra da escravidão. O Deus da Bíblia quer ser conhecido como o libertador dos derrotados e dos oprimidos.

A experiência relatada no Êxodo nos mostra que a única força que vem da periferia é o clamor. É, sobretudo, um clamor decorrente da violência levada ao extremo. Esse clamor é a própria consciência crítica de que a situação vivida até então não é satisfatória. Muito pelo contrário, é uma situação que coisifica o ser humano, chegando até a sua degradação. Numa expressão um pouco mais forte, o clamor indica que se deseja mudança: é, pois, um clamor subversivo.

O clamor indica que a vítima começa a se conscientizar, a trilhar o caminho da libertação. Quando ela clama, eleva a sua voz, seu grito de protesto e de denúncia. É um clamor de dor, que sai da boca do oprimido como um rugido de leão – a dor está insuportável. O clamor se aproxima do lamento exatamente por se revelar, por expressar uma situação de dor, que impede o ser humano de assumir uma verdadeira posição em um mundo regido pela morte.

Mas há algo que não pode escapar à nossa reflexão: Javé é afetado pelo clamor que sai dos lábios das vítimas da sociedade. E, em consequência disso, sua ação começa a ter lugar na história, pois o clamor nasce de uma situação histórica concreta e localizável. Ele afeta o físico e as emoções, o ser humano de forma integral. A dor que provém dessa situação é muito forte; irrompe das entranhas mais íntimas da vida e pede, como resposta àqueles que a ouvem, uma prática. Assim acontece: o povo oprimido faz de seu resto de força a sua mais poderosa arma – um clamor que é levado pelo vento aos quatro cantos da terra e que desencadeará a práxis de um Deus solidário. Diante da dor, Javé desce, mostrando o rumo da libertação. Ao valorizar as vítimas da sociedade, Javé as vê, não como objetos – excluídos ou derrotados –, mas como seres humanos.

Diante desse encontro do Javé solidário com o grito de dor dos marginalizados na história, podemos chegar à mesma conclusão de Tournier (1985, p. 166): "não é possível despojar Deus de sua humanidade, pois assim teríamos mais um Deus glacial, remoto, imutável, estranho à vida, estranho à história, estranho à nossa própria vida, um Deus de filósofos, e não o Deus vivo das escrituras. Um Deus sem sentimentos seria um deus sem alma, morto; ainda mais morto que o Deus de Nietzsche".

Javé é plenamente Deus porque é marcado plenamente pela simpatia: Ele sofre por um mundo livre e redimido. Assim, essa participação de Deus no sofrimento humano acaba por impedir o surgimento da apatia e da acomodação em meio à existência. Teologicamente, poderíamos arriscar algumas possibilidades, tais como:

1. A teologia que evidencia as vozes dos vitoriosos é a mesma que leva ao silenciamentos das vozes que nascem na periferia da vida.
2. Uma teologia desde o reverso da história; a teologia nasce desde o chão da vida. A periferia não é somente o local privilegiado da presença de Deus, mas, também o local privilegiado do fazer teológico.
3. Uma teologia construída a partir da fragilidade e tendo como protagonista o fraco; uma teologia que dá voz àqueles que haviam sido silenciados.
4. É fundamental entender que para uma pessoa só podem existir basicamente dois relacionamentos fundamentais. O primeiro relacionamento é o "eu-coisa". É uma forma de relacionar algo como uma coisa, ou objeto, cujo valor é extrínseco ou instrumental. Quando se encontra em uma relação desse tipo com algo, valoriza-o apenas na medida em que serve aos seus propósitos. Seria o caso de um relacionamento com um copo, cujo único valor consiste em sua capacidade de conter a água e

levá-la de forma eficiente à boca. O segundo relacionamento é o "eu-tu". É a atitude fundamental que um ser humano deveria tomar sempre para o outro, um relacionamento de respeito na qual o outro indivíduo é visto como possuidor de valor intrínseco, independentemente de poder gerar qualquer outro valor para você. É uma postura de respeito e de dignidade, de valorização da vida do outro.

4.2 Religião e mercado

Uma sociedade de mercado possivelmente produz uma religião de mercado e, consequentemente, um tipo de sociedade e de religião excludentes de ampla maioria de pessoas que se veem derrotadas e excluídas na sociedade de consumo. Podem ser derrotadas, mas, a exemplo de Jó, não se calam. A partir das vítimas, questiona-se todo o edifício que o mercado está construindo e as relações sociais que está impondo a todos. Certamente, são relações que produzem vítimas e exclusão. Elas são excludentes das grandes maiorias e produtoras de morte; negam a participação e o direito à vida para todos e não se orientam pelas necessidades da vida humana.

As leis do mercado se apresentam como leis que devem ser seguidas a qualquer custo e incluem, inclusive, as leis religiosas, consideradas, portanto, leis de Deus. Assim, qualquer realização da vida passa necessariamente pelo mercado. A vida passa a ser legitimada como verdadeira a partir do mercado. Fora do mercado não haveria possibilidade de vida e o consumo seria oferecido como a grande e única possibilidade de redenção. Por isso, quem não se ajusta às novas leis é naturalmente excluído. Lyon (1998, p. 74) fala do consumo em termos similares, como sendo um tipo de salvação: no final do século XX, o consumismo se tornou central à via social e cultural das sociedades tecnologicamente avançadas. A significação é buscada como um "evangelho remissório" no consumo. Nesse contexto, identidades culturais são formadas através de processos seletivos de consumo.

O sujeito é excluído e sacrificado por imposição das leis de mercado, e não simplesmente porque se apresenta como pecador. Nas palavras de Hinkelammert (1995, p. 158), "o sujeito sacrificado é transformado no indivíduo que já não conhece salvação fora do mercado. Não tendo valor o ser humano como sujeito, não tem direito a não ser no e através do mercado. Quando é vítima do mercado, é declarado culpado".

Na lógica da teologia do mercado não há espaço para a reivindicação da emancipação humana; uma reivindicação que requer a humanidade que lhe é constantemente negada pelo próprio mercado. Nessa lógica, nenhuma vítima pode ser autônoma. A vítima que postula a autonomia deixa de ser vítima. A vítima que deixa de ser vítima abandona o espaço da exclusão e da periferia e passa a requerer a sua própria subjetividade e, assim, exigir – que blasfêmia – ser chamada de "ser humano". Ora, a partir do momento em que a vítima requer a sua humanidade de volta, o mercado se encontra num espaço perigoso onde se sente pressionado e ameaçado.

Sem vítimas não há progresso! Essa é a lei absoluta e sacralizada do mercado. Assim, o sujeito à procura de sua própria autonomia é, de acordo com Hinkelammert (1986, p. 159), "anterior ao mercado e a todas as instituições".

Ao negar à vítima a satisfação de suas necessidades, o mercado nega-lhe uma legitimidade anterior ao próprio mercado e imputa – ao mesmo tempo – a crescente expectativa da realização dos desejos que nunca se concretizam. Mas a teologia McDonaldizada age desumanamente. Se a dignidade humana é identificada com os valores do mercado, usando as palavras de Moltmann (1999, p. 223), essa dignidade é permanentemente destruída, fato que os desempregados há longo prazo descobrem por si próprios, e os gerentes ameaçados pelo que eles suprimem aprendem com seus psiquiatras. Seres humanos são mais do que a soma de suas realizações, e mais do que a soma de seus fracassos. Homens e mulheres devem ser respeitados como pessoas diante de Deus, e devem ser libertos dos valores do mercado.

Todo e qualquer esforço de emancipação humana passa a ser visto como um Lúcifer que deseja ser como Deus e, ao querê-lo, transforma-se a si mesmo em monstro demoníaco. Toda tentativa de emancipação humana é, por causa disso, denominada de "luciférica". Temos, consequentemente, a absolutização do caos como elemento natural e constitutivo da sociedade. Naturais são as leis do mercado que existem desde "antes da fundação do mundo" e são, portanto, imutáveis.

Assim, tão natural como a existência da vítima é a existência do progresso. A porta de entrada para o progresso é rigidamente controlada pelo mercado – somente entra quem tem condições de pagar. A intuição de Comblin (1986, p. 357) é correta ao afirmar: "os pobres recebem vantagens muito limitadas. Não há prova de que o progresso das ciências leve a uma maior aproximação entre os mais ricos e os mais pobres. Pelo contrário, o que se produz é uma maior separação e um distanciamento crescente".

Podemos compreender adequadamente o caráter assumido e presumido do mercado como instituição transcendente e estabelecer a sua crítica. A questão não está, evidentemente, no direito ou na necessidade do mercado, mas sim em negar a primazia e a totalidade do mercado. O ser humano não se resume somente em comprar e vender. O lucro a todo custo e o consumismo desenfreado matam fisicamente os que não têm acesso e matam moralmente os supostamente beneficiados.

Sabemos que o progresso tecnológico conjugado com a expansão do capitalismo exigiu um alto custo social que pode muito bem ser caracterizado em termos religiosos como "sacrifício" de vidas humanas. A violência sacrificial da modernidade se apresenta como uma consequência necessária da messianização ou idolatria do mercado. Nessa perspectiva, as exigências sacrificiais feitas em nome do mercado seriam provas irrefutáveis da messianização do mercado.

Esse sacrificialismo acaba sendo legitimado em nome do progresso, ou seja, o mito de que todos os sacrifícios seriam compensados com uma vida de abundância para todos – no futuro. O capitalismo global criou um contexto no qual todos, a princípio, são livres para comprar e vender, até a si próprios. Se essa liberdade reduz tudo a uma mercadoria, a que ponto nós perdemos nossa própria humanidade? A teologia possui a responsabilidade de preservar um espaço na sociedade no qual as pessoas possam ser respeitadas em sua própria individualidade, sem considerar o papel que elas representam na economia global. Como criaturas de Deus, nós temos uma dignidade inata, a qual as exigências do capitalismo global devem ser forçadas a reconhecer.

O mercado está dando origem a uma forma moderna de religião. Isso não deixa de parecer um desvio teológico fundamental. A mística capitalista se revela como uma verdadeira religião e, como tal, faz do sacrifício um elemento de grande importância para que o progresso econômico atinja seus objetivos. É a lógica do sacrifício que passa a imperar, ou ainda a lógica do vitimador e da vítima. No entanto, Deus abomina as estruturas econômicas maléficas, bem como os sistemas legais injustos, porque eles destroem milhões de pessoas. Todavia, o mundo oferece lugar somente para um dos dois. A sorte está lançada!

Julio de Santa Ana (1989, p. 60) faz um comentário pertinente que merece ser mencionado: "quando Milton Friedmann indica que para obter um índice de crescimento econômico apropriado é necessário que este esteja baseado num necessário 'custo social', ele emprega uma linguagem econômica e religiosa que pode traduzir-se em termos religioso-teológicos como sacrifícios". Assim, ao exigir o sacrifício, a economia neoliberal acaba confirmando sua natureza religiosa. Entretanto, é necessário chamar a atenção para o fato de que a tarefa da teologia é manter e proteger a dignidade humana em situações em que ela se encontra em perigo de ser sacrificada.

O mercado potencializa desigualdades e, por isso mesmo, é um produtor de vítimas. Produz vida para um pequeno número de nações e desestruturação social e morte para a grande maioria restante. Se trata de uma espécie de darwinismo social e econômico. Em uma sociedade em que consumidores são lançados como força motriz da economia da prosperidade, os pobres não têm valor como consumidores. Afinal, eles não são tentados pelos produtos expostos nos shoppings, não possuem cartão de crédito e muito menos movimentam contas bancárias. Keynes (*apud* Ward, 2003, p. 82) coloca isso de maneira simples: "o consumo é o único fim e objetivo de toda atividade econômica". Pensar o consumo em nome da eficiência é idolatria. Nós sabemos que Keynes estava errado – a teologia precisa negar veementemente as palavras deste autor – consumo não é o único fim da vida econômica. É a economia que, conforme afirma Sider (1997, p. 143), "é feita para as pessoas, não as pessoas para uma autônoma, eficiente e sempre-crescente economia".

Mas não pensemos que os pobres estão sendo reclassificados pela sociedade de consumo como uma subclasse. Uma anormalidade ainda maior está em processo e, de acordo com Bauman (2001, p. 75), os pobres passam a ser "uma classe fora das classes; uma categoria jogada permanentemente fora dos limites do 'sistema social'; uma categoria sem a qual o resto de nós estaria bem melhor e mais confortáveis".

Presenciamos um darwinismo com roupagem teológica que seleciona quem deve e pode continuar vivendo ou sobrevivendo. Não seria essa a ordem natural das coisas, como anotou Novak (1982, p. 97): "no capitalismo democrático, as desigualdades de riqueza e poder não são consideradas males por si só. Estão em sintonia com as desigualdades naturais que todo mundo testemunha todos os dias". Essa tese está carregada de repugnância exatamente porque é capaz de legitimar um sistema não de resultados iguais, mas sim de um sentido de oportunidade iguais. Para o capitalismo, a possível repressão a energias humanas – que manifestam desigualdades e, por isso, energias universais e perenes – é capaz de gerar males ainda maiores.

É preciso uma mudança na maneira de encarar essa questão. A mudança pode muito bem ser iniciada por um jogo de perguntas muito bem colocadas por Moltmann. Diz ele que, numa sociedade desestruturada socialmente, na qual os sinais de miséria estão espalhados cronicamente por todos os lados, a pergunta que se faz é basicamente a seguinte: "Por que Deus permitiu isso?". Mas essa é a questão levantada a partir de um ângulo distorcido e unilateral. É a pergunta de quem assiste à morte de seus semelhantes, sentindo-se penalizado, sim, mas sem tomar uma atitude ativa diante dessa realidade.

Contudo, Moltmann (1997, p. 33) propõe uma nova pergunta – essa sim a partir das vítimas – que lança um novo olhar sobre a realidade: "Onde está Deus?". Trata-se da pergunta da vítima que busca compreender a Deus não a partir da vitória dos opressores, mas a partir de sua própria experiência. Esse questionamento sugere a compreensão de uma nova dimensão existencial: a comunhão de Deus no sofrimento da vítima; comunhão solidária entre as vítimas produzidas pelo mesmo ambiente social de caos e de degradação humana que se multiplicam. A premissa da primeira questão, o "por quê", revela um Deus apático que existe apenas para justificar a si mesmo diante do sofrimento humano. Já o "onde" revela a procura por um Deus que partilha do nosso sofrimento e carrega nossas penas.

Se permitirmos que a linguagem teológica da real presença de Deus percorra essas dimensões de miséria, atingiremos a seguinte sequência de identificações, segundo Moltmann (1997, p. 337-8):

> No círculo vicioso da pobreza pode ser dito: "Deus não está morto. Deus é pão". Deus está presente como pão no qual ele é o incondicional que aproxima, no sentido presente. No círculo vicioso da força, a presença de Deus é experimentada como liberação da dignidade humana e responsabilidade. No círculo vicioso da alienação, sua presença é percebida na experiência da identidade humana e reconhecimento. No círculo vicioso da destruição da natureza, Deus está presente em alegria de viver e em paz entre o homem e a natureza.

Não podemos saber o exato número de pessoas a quem faltam condições mínimas de alimento, roupas e abrigo adequados. Esse número varia conforme as colheitas, a guerra, desastres naturais, política econômica etc. Entretanto, mais de 1 bilhão de pessoas desesperadas vivem em esmagadora pobreza e outros 2 bilhões são pobres. Ainda assim, muitos cristãos insistem em afirmar, por meio de suas construções teológicas, que eles são fracassados, que são não-pessoas e, intensamente pior, que Deus não se encontra solidariamente ao lado deles.

4.3 Jesus vai ao McDonald's: exclusão no mercado global

O padrão ético que a teologia da prosperidade expõe é um padrão simples que pode ser aplicado de uma forma altamente individualista. Trata-se de uma teologia conveniente e apaziguadora para aqueles que têm grandes posses neste mundo. Por outro lado, ela promove resignação e um sentimento de culpa naqueles que têm falta dessas posses. No curso da história da Igreja, certas tendências no mundo cristão repetidamente dão uma nova vida à doutrina ética. Ela considera riqueza como recompensa de Deus para o honesto e trabalhador, e pobreza como punição de Deus ao pecador e preguiçoso.

Mas nós sabemos que a ideologia capitalista, historicamente, fez uso desse expediente doutrinário – abertamente no começo e hoje de maneiras mais sutis – para sua própria justificação religiosa. Tal manipulação da teologia distorce um ponto que continua importante, apesar de todas as críticas, a saber: a fé Cristã necessariamente implica uma ética pessoal e social.

É absolutamente necessário enfatizar que os seres humanos nunca foram tão ameaçados em sua sobrevivência como nas últimas décadas. A questão sobre a pobreza foi discutida muitas vezes e em muitos lugares, mas as pessoas ainda parecem não estar conscientes da extensão e magnitude deste problema. Porém, Landes (1998, p. 127), em seu estudo *The Wealth and Poverty Nations*, diz que "o grande desafio e ameaça é a desigualdade de riqueza e saúde que separa os ricos e os pobres". Ele chama essa desigualdade de "o grande e único problema e perigo que o mundo tem que encarar no Terceiro Milênio". A respeito dessas considerações, é necessário observar os seguintes fatos:

Sider (2005, p. 2) observa que o Banco Mundial estima que 1,2 bilhão de pessoas vivem nesse tipo de pobreza esmagadora – tentando sobreviver com um dólar ou menos por dia. Além dessas, 1,2 bilhões que vivem em quase absoluta pobreza, outras 1,6 bilhões são muito pobres, vivendo com dois dólares ou menos por dia. Isso significa que só um pouco menos do que metade da população do mundo (2,8 bilhões) tentam sobreviver com dois dólares por dia ou menos; 70% delas são mulheres e crianças.

Bauman (2001, p. 114), citando o relatório do Programa de Desenvolvimento das Nações Unidas, informa-nos que, enquanto o consumo global de bens e serviços foi duas vezes maior em 1997 que em 1974 e que foi multiplicado seis vezes desde 1950, 1 bilhão de pessoas não podem nem mesmo satisfazer suas necessidades mais elementares.

Entre os 4,5 bilhões de habitantes dos países em desenvolvimento, três em cada cinco não têm acesso a infraestruturas básicas: um terço não tem acesso à água potável, um quarto não tem moradia digna e um quinto não tem serviço médico e sanitário.

Uma em cada cinco crianças passam menos de cinco anos em qualquer forma de escola. 1,75 bilhões não têm água potável; 800 milhões passam fome todo dia.

Os bens particulares dos três homens mais ricos do mundo são maiores que o produto nacional bruto dos 48% países mais pobres; a fortuna das 15 pessoas mais ricas excede o produto total bruto de toda a África subsaariana. Menos de 4% da riqueza pessoal das 225 pessoas mais ricas seriam suficientes para oferecer aos pobres do mundo acesso a necessidades médicas e educacionais mais básicas, além de nutrição adequada.

De acordo com o Relatório de Desenvolvimento Humano das Nações Unidas (2003), os 5% das pessoas mais ricas do mundo recebem 114 vezes mais renda do que os 5% mais pobres. Na verdade, "1% dos mais ricos recebem mais do que os 57% mais pobres". Meros 25 milhões de americanos (os 25 milhões mais ricos) usufruem de mais renda do que os 2 bilhões mais pobres do mundo. Essa brecha se alarga ano após ano. Em 1960, um quinto das pessoas do mundo vivendo nas nações mais ricas usufruíam de uma renda 30 vezes maior do que um quinto das pessoas mais pobres. Em 1990, os ricos ficaram 60 vezes mais ricos e, em 1997, 74 vezes;

20% das pessoas mais ricas do mundo recebem 86% da renda do mundo, enquanto que os 20% mais pobres recebem só 1,3%; os 20% mais pobres do mundo (acima de 1 bilhão) possuem só 1% da riqueza mundial. Na verdade, 60% dos mais pobres possuem só 6% da riqueza mundial;

Atualmente, os 20% da população mais rica do mundo controla 60 vezes mais recursos do que os 20% mais pobres. Esse percentual tem crescido dramaticamente nos últimos quarenta anos, a partir de uma época em que a proporção chegava perto de dois para um (Pixley, 1989, p. 96).

A análise desses dados mostra que a lógica da exclusão é a lógica que prevalece, e cada vez mais e mais uma multidão de pessoas consideradas incapazes são incorporadas a esse grupo de excluídos. De fato, nós precisamos concordar: uma das coisas mais chocantes sobre a situação global hoje é a dramática distância entre o rico e o pobre. Mas, hoje, essas diferenças não correspondem às diferenças entre as nações dos Estados Unidos, Europa e Japão, de um lado, e o resto do mundo, de outro. Em todo país do mundo, existem muitas pessoas ricas que investem seu dinheiro nos bancos de Nova York, Tóquio ou Zurique, e que viajam regularmente para fazer compras e passar férias em Miami, Paris ou Hong Kong. As elites ricas das nações pobres têm mais em comum com as elites ricas dos países desenvolvidos do que com os pobres em seu próprio país.

A análise de Douglas (*apud* Stackhouse; Dearburn; Paeth, 2000, p. 203) resume essa situação muito bem:

> No mundo McDonaldizado, os que estão à margem, aqueles sem poder sofrem mais, particularmente os povos nativos. São eles que perdem sua maneira de compreender a Deus e o mundo, que perdem seus próprios meios de produção e subsistência. No mundo McDonaldizado, o local, o vulnerável e o particular são sempre sacrificados aos interesses do poder global.

As palavras do discurso de Kofi Annan (*apud* Stackhouse; Dearburn; Paeth, 2000, p. 40), proferidas na Conferência do Banco Mundial em Toronto (em 22 de junho de 1988), poderiam influenciar e tocar nosso modo de fazer teologia: "estamos todos aqui porque acreditamos que a pobreza é intolerável num mundo de fartura [...] enquanto um entre cada cinco habitantes do nosso mundo vive em absoluta pobreza, não pode haver nenhuma estabilidade real no mundo". A concentração de meios de produção e gêneros alimentícios nas mãos de poucos e a opressão e exploração de muitos é uma severa violação da dignidade humana. Segundo Moltmann (1999, p. 128), uma situação econômica mundial que permite que milhões de pessoas passem fome é desumana e, em termos cristãos, é uma violação da honra e glória de Deus que se faz presente em todos os seres humanos, já que eles são imagem de Deus.

Com tal teologia, como dizer ao pobre nessas condições que Deus os ama? Nenhuma outra conclusão é possível além dessa: vivemos num sistema econômico que não apresenta lugar para todos. Nele, a exclusão é decretada para a ampla maioria da humanidade. Sem dúvida, o neoliberalismo pode ser considerado o maior muro que já se levantou para fazer a separação entre uma minoria de privilegiados e a maioria dos excluídos. Exclusão cada vez mais sofrida por seres que possuem profunda consciência de que não foram feitos para se tornarem miseráveis, famintos, vítimas, ainda que esse pudesse vir a ser o destino final deles.

Consequentemente, os pobres ingressam numa crise histórico-existencial, ou seja, excluídos de uma sociedade que os rejeita e que para eles não funciona mais, mas fora da qual não há salvação. Uma verdadeira encruzilhada socioteológica! Essa apropriação religiosa do mercado é, segundo Frei Betto (2001), muito evidente nos shopping centers:

> Quase todos possuem linhas arquitetônicas de catedrais estilizadas. São os templos do deus mercado. Neles não se entra com qualquer traje, e sim com a roupa de missa de domingo. Percorrem-se os seus claustros marmorizados ao som do gregoriano pós-moderno, aquela musiquinha de esperar dentista. Ali dentro tudo evoca o paraíso: não há mendigos nem pivetes, pobreza ou miséria. Com olhar devoto, o consumidor contempla as capelas que ostentam, em ricos nichos, os veneráveis objetos de consumo, acolitados por belas sacerdotisas. Quem pode pagar à vista, sente-se no céu; quem recorre ao cheque especial ou ao crediário, no purgatório; quem não dispõe de recurso, no inferno. Na saída, todos se irmanam na mesa "eucarística" do McDonald's.

Sabemos que toda e qualquer forma de absolutização engendra novos ídolos. Ídolos que trazem em si mesmos uma dupla exigência: adoração e sacrifícios. Talvez seja esse o perfil que poderíamos traçar do neoliberalismo: um sistema que atrai para si as características de único e senhor e, ainda mais, se crê como definitivo, como postulam todos os deuses. Como Deus, propõe que amemos o mercado e nos entreguemos a ele. Um mercado-deus que exige privações, abnegação e renúncias contínuas.

A criação e manutenção do próprio sistema como produtor de exclusão é o princípio de todos os sistemas que se acham exclusivos e únicos. Assim, o neoliberalismo – que pode ser comparado ao capitalismo levado às últimas consequências – prega o lucro pelo lucro, o qual, no capitalismo neoliberal, se constitui no mercado total e onipotente. Lyon (1998, p. 66) é muito claro a esse respeito: "só aqueles que não conseguem consumir, que não estão suficientemente integrados no mercado de consumo, é que precisam temer os métodos panópticos de vigilância e controle social que uma vez mantiveram a ordem na fábrica e na rua. Se a nova administração social não puder seduzi-los, só então ela poderia apelar para a repressão". Trata-se de um mundo com seus limites bem divididos: aqueles que sacrificam e aqueles que são sacrificados, peças de um sistema ao mesmo tempo homicida e suicida. Vivemos numa sociedade descartável. Uma sociedade de consumo que reduz tudo a termos econômicos.

Talvez pudéssemos até mesmo brincar com as palavras a fim de perceber que estamos diante de uma teologia associada ao consumo. Desse modo, a premissa mais importante dessa teologia seria: "compro, logo existo". A mercadoria, que deveria ser entendida como intermediária na relação entre seres humanos (pessoa-mercadoria-pessoa), passou a ser entendida como principal sujeito (mercadoria-pessoa-mercadoria) e a levar muitos a considerar esse maximizador de mercado como um paradigma da pessoa humana. Moltmann (1999, p. 153), ao analisar os instrumentos que são ameaça à vida, estabelece o "mercado global de todas as coisas" como um desses instrumentos, incluindo os relacionamentos. Suas palavras são esclarecedoras:

> O mercado global de todas as coisas e de todos os serviços é muito mais que pura economia. Ele tem a lei global da vida. Tornamo-nos clientes e consumidores, independente do que

> mais possamos ser. O Mercado se tornou a filosofia da vida, a religião do mundo e, para algumas pessoas, até mesmo o fim da história. O marketing de todas as coisas destrói a comunidade em todos os níveis, porque as pessoas são pesadas só por seu valor de mercado. Elas são julgadas pelo que podem realizar ou pelo que podem pagar.

A partir dessa radical inversão, o relacionamento entre as pessoas também adquiriu um novo padrão, ou seja, se chego à casa de um amigo de ônibus, meu valor é inferior ao de quem chegou de Mercedes. Nesse sentido, não sou eu, pessoa humana, que faço uso do objeto. É o produto, revestido de fetiche, que me imprime valor, aumentando a minha cotação no mercado das relações sociais.

Como bem lembra Simon (2003, p. 64), "somos seres humanos, não 'teres humanos'". Confundir ter com ser é adorar o presente, e não quem presenteia. É também esquecer que Deus sozinho determina nosso valor, não o que temos ou o que os outros pensam de nós. Nesse momento é de bom tom salientar que oito séculos antes de Cristo já havia – no texto do profeta Isaías – uma contundente crítica da mercadoria como fetiche. Eis o texto na íntegra:

> O carpinteiro mede a madeira, desenha a lápis uma figura, trabalha-a com formão e aplica-lhe o compasso. Faz a escultura com medidas do corpo humano e com rosto de homem, para que essa imagem possa estar num templo de cedro. O próprio escultor usa parte dessa madeira para esquentar e assar seu pão; e também fabrica um deus e diante dele se ajoelha e faz uma oração, dizendo: "Salva-me, porque tu és o meu deus!" (Isaías 44,13-17).

Nesse tipo de ambiente, a humanidade aos poucos perde seu espaço e seu direito à vida. Quanto mais o mercado se impõe, menos possibilidade o ser humano tem para sobreviver. Quanto mais total e absoluto é o mercado, mais a vida é relativizada. Nós vivemos na era da globalização, e a condição para que o povo se torne parte do mercado global é que pague um alto custo social. Assim, aqueles que não são capazes de pagar são simplesmente excluídos. Eles são dispensáveis, por isso não contam, e como não contam, não têm direito assegurado ao desenvolvimento. A inversão é completa: o significado das coisas é relacionado ao nosso lugar na sociedade e no mundo.

Mas lembremos: o que está sendo globalizado não é a riqueza, mas a pobreza. A globalização motivada pela competição, pelo lucro ou vantagem somente multiplicará as forças que produzem pobreza e injustiça. Precisamos de uma nova visão global de nossa humanidade comum e da partilha da responsabilidade que temos pela vida neste planeta. A globalização tem mudado alguns pressupostos fundamentais a respeito de nossa responsabilidade local por uma boa administração, a criação e distribuição de riqueza e as reivindicações de justiça.

Bauman (2001, p. 114) nos relembra que "a economia rapidamente globalizada e cada vez mais extraterritorial é conhecida por produzir as profundas lacunas de riqueza-e-renda que existem entre as camadas superiores e inferiores da população mundial, e dentro de cada sociedade". Mas não podemos celebrar a vida em uma parte do mundo enquanto ignoramos o sofrimento em outra. Nossa fé exige que estendamos nossa preocupação com nosso próximo não só aos nossos amigos, mas ao forasteiro, ao estrangeiro, com cidadania ou não. A globalização, entretanto, trouxe a visão de que nosso próximo é alguém que está na casa ao lado ou nossos melhores amigos e membros da família mais próximos. Mas que recursos nossa teologia nos oferece para responder ao nosso novo contexto?

A teologia não deve ser vivida somente quando os cristãos falam profeticamente e sabiamente, mas também quando eles falam politicamente, com uma análise política e comprometida a preservar ou fazer um pouco de bem àqueles que estão feridos. A teologia deve ser vivida para evitar o grande prejuízo que o orgulho e a inveja ainda causam no mundo. Assim, na aldeia global, a teologia surge como uma luta contra os males que ameaçam nossa vida. Libertar da brutalidade e da pobreza deveria ser e permanecer o tema de todo discurso e prática teológica.

4.4 Teologia do desejo e para o consumo

No fim dos nossos tempos modernos e início do pós-moderno, a esfera econômica tem permeado todas as outras esferas numa extensão tal que praticamente todos os setores da sociedade são tocados por assuntos econômicos. A indústria do marketing e da propaganda possui uma significativa influência em todos os âmbitos da sociedade. Elas formam gostos, desejos e opiniões a fim de estimular as vendas e influenciar a maneira como as pessoas vivem. Esse tipo de sociedade tem profundo impacto na espiritualidade, na prática cristã, bem como na maneira de se elaborar teologia.

Considerando que vivemos de fato em uma cultura atravessada pela economia, na qual as pessoas agem como compradores e vendedores espirituais, oferecendo experiências extasiantes, qual seria o efeito disso na teologia? É muito provável que a teologia assuma como principal função o estímulo do consumismo como evidência da ação de Deus na vida de uma pessoa.

As teologias que adotam a abordagem do marketing tratam os fiéis como clientes. O pressuposto básico é o de que clientes nunca estão satisfeitos e podem buscar o que querem em outro lugar. Satisfação é um alvo elusivo, sempre em movimento e tomando novas formas. Assim, quando as teologias decidem adotar o entretenimento como seu principal foco, elas criam no fiel contínuas expectativas e desejos por mais. O mercado não é neutro; ele encoraja o desejo humano tanto quanto o sacia.

Ao invés de desafiar a lógica do sistema econômico, o que o Reino de Deus faz muitíssimo bem, a teologia do consumo abençoa as regras econômicas e, nesse processo, cria cristãos transitórios e superficiais.

É necessário relembrar que o pensamento econômico neoliberal está assentado sobre o conceito de desejos e não de necessidades. O que motiva o consumo não é a busca da felicidade, mas a possibilidade de vencer um competidor. De certa forma, numa era de excessos como a que estamos vivendo, o dinheiro não satisfaz as pessoas. Franz Hinkelammert (1986, p. 63) já alertava a respeito desse raciocínio, dizendo que, nesse tipo de economia neoliberal, "pressupõe-se que o homem não tenha necessidades, somente gostos".

O consumo se tornou a vida cultural e social em nossas sociedades; talvez mesmo em procura de um "evangelho da redenção" por meio do consumo. A discussão deixa de ser a respeito das necessidades básicas e diárias de sobrevivência e passa para considerações subjetivas. A procura por uma vida de qualidade – que implica uma superação de uma vida de carência, sofrimento e caos – é rebaixada ao desejo pela posse de mercadorias e pelo cumprimento dos padrões de consumo que são impostos pela própria sociedade de consumo e pelo mercado. A esse respeito, David Lyon (1998, p. 88-9) observa que:

> A televisão e a cultura de consumo pertencem à mesma classe, embora seja um erro imputar status causal simples à primeira. Elas têm crescido simbioticamente desde a Segunda Guerra. Como Baudrillard sugere, o pós-moderno se separa do moderno quando a produção de demanda – dos consumidores – se torna central. E a TV tem tudo a ver com a produção de necessidades e de desejos, com a mobilização do desejo e da fantasia, com a política da distração. Os objetos de consumo são na verdade um sistema de sinais que diferencia a população.

O consumismo adquire uma condição social completamente nova. Assim, quais são as possíveis consequências para os estilos de vida, ou para valores como solidariedade, identidade ou esperança? Estaríamos, de fato, sucumbidos e imersos numa sociedade de consumo em que tudo é exibição, um espetáculo, e a imagem pública é tudo? O consumismo e o consumo são temas pós-modernos básicos. A partir deles somos o que consumimos (aquilo que podemos comprar). Eles representam o reino da fantasia e, portanto, também o da exclusão, e estão mais próximos do que pensávamos: "O consumo agora afeta a maneira com que as pessoas constroem e mantêm a compreensão de quem elas são, de quem elas desejam ser" (*apud* Lyon, 2001, p. 74). Ao comentar esse tema, Jung Mo Sung (1998, p. 49) afirma que "as teorias econômicas liberais e neoliberais e a produção das empresas privadas estão pensadas em termos de satisfação dos desejos dos consumidores". A isso, acrescenta: "só que estes desejos são apresentados também como necessidades". A confusão se instala precisamente porque se substitui o conceito das necessidades humanas. As necessidades, tais como comida, bebida, casa, saúde, deixam de ser discutidas e analisadas. A realidade objetiva e concreta abre espaço e lugar para a produção de desejos ilimitados. Segundo Bauman (2000, p. 75), o conceito de "necessidade", considerado pelos economistas do século XIX como o próprio epítome da "solidez" – inflexível, permanentemente circunscrita e finita – foi descartado e substituído durante algum tempo pelo desejo, que era muito mais "fluido" e expansível que a necessidade.

Mas, agora, é a vez do desejo ser descartado. Em seu lugar surgiu um estimulante mais poderoso e, acima de tudo, mais versátil para manter a demanda do consumidor no nível da oferta. Harvie Ferguson (*apud* Bauman, 2003, p. 75) sugere que o consumismo, em sua forma atual, não está fundado sobre a regulação do desejo, mas sobre a liberação de fantasias desejosas. Portanto, a noção de desejo liga o consumo à auto-expressão, e a noções de gosto e discriminação. O indivíduo expressa a si mesmo através de suas posses. Mas, para a sociedade capitalista avançada, comprometida com a expansão contínua da produção, esse é um quadro psicológico muito limitado, que em última análise, dá lugar a uma "economia" psíquica muito diferente. O querer substitui o desejo como forma motivadora do consumo.

O querer dirige nossa escolha no supermercado e no shopping center. Nós queremos as imagens, as associações e o status que está ligado aos diversos produtos. Ir às compras é, portanto, uma atividade que de certo modo é guiada por algo que está além de nós mesmos. Desse modo, pode-se dizer que o querer não pode ser satisfeito da mesma forma que a necessidade ou o desejo. O querer permanece em nós, nos empurra a buscar a próxima coisa melhor. Nesse sentido, o querer é não referencial porque somos incapazes de identificar onde ele verdadeiramente acaba ou quanto ele é saciado. Assim, continuamos querendo sem nunca termos o suficiente.

De fato, estamos diante de um efeito perverso da prática da solidariedade. Afinal, como partilhar se nunca sobra nada? Como partilhar se todos os meus desejos ainda não foram satisfeitos e a probabilidade de um dia serem é muito remota? Nesse sentido, a sociedade seria uma eterna insatisfeita. Uma insatisfação que atinge a todos, empurrando-os numa frenética corrida pelo consumo. O consumo estaria frequentemente sujeito a retornos crescentes e proporcionais à quantidade consumida. Quanto mais a pessoa tem, mais ela quer ter.

A conduta do consumidor passa a ser o eixo em torno do qual gira a sociedade. Sua liberdade de consumo está intrinsecamente ligada ao mercado de consumo. Novos carros, novos brinquedos, novos cosméticos, novos sapatos são oferecidos dia a dia. Nessa sociedade superindustrial em que vivemos, as possibilidades de escolha são enormes e crescentes. Ward (2003, p. 58), ao descrever uma sociedade de consumo, resume adequadamente essa ideia:

> A sociedade de consumo é como uma corrida onde a linha de chegada está se movendo mais rápido do que os corredores. Cada um de nós é lançado num mar de escolhas onde o que vale é nossa habilidade de sermos competentes na hora de fazer a escolha certa. Consumir, portanto, se torna um ambiente fluido onde nunca chegamos ao final ou atingimos nossa meta. Ao invés de um ponto final, tudo o que temos é o comportamento vicioso de buscar por escolhas certas.

As opções são tantas e tamanhas – por ocasião das transformações dos desejos e dos objetos –, que o ser humano se vê em constante mudança, rumo a novas e diferentes opções. Até mesmo a ideia de "luxo" faz pouco sentido, já que o negócio é transformar os luxos de hoje em necessidades do amanhã. Como não há nenhuma norma para transformar desejos em necessidades e tornar ilegítimos outros desejos como "falsas necessidades", não existe nenhuma marca de referência com a qual alguém possa medir o padrão de conformidade. Rubem Alves (1986, p. 46) nos alerta para aquilo que chama de "velocidade do possuir". Essa velocidade surge da passagem de uma situação de permanência das sociedades tradicionais para uma estrutura de transitoriedade da nova sociedade. Nesse caso, os produtos dos desejos são planejados e produzidos para que se estraguem logo ou saiam de moda rapidamente.

Vivemos em meio a uma sociedade inquieta. Isso me faz lembrar uma passagem curiosa de Lewis Carroll (apud BIRCH; RASMUSSEN, 1978, p. 211) na qual ele mostra a velocidade marcando os relacionamentos:

> Elas estavam correndo juntas mas a rainha ia tão rápido que Alice não podia equiparar-se a ela: e a rainha continuava a gritar "mais rápido, mais rápido"... a parte mais curiosa disso foi que... apesar de estarem indo rápido, parecia que elas não passavam por nada... "Em nosso país", disse Alice "geralmente você chega a um outro lugar – se você corre bem rápido por bastante tempo, como estivemos fazendo". "Que paisinho vagaroso!", disse a rainha. "Agora, aqui, veja você, você corre o mais que puder para ficar no mesmo lugar. Se você quiser chegar em algum outro lugar, tem que correr pelo menos duas vezes mais rápido que isso".

Segundo Alves (1986, p. 46) "a depreciação planejada atingirá todos os setores da vida humana. Vai ser extinta a estabilidade dos objetos: rapidamente eles deixarão de ser coisas prazerosas em nossas mãos, e então teremos de buscar outros novos". Charles Kettering, diretor de pesquisa dos laboratórios da General Motors, decidiu que os negócios precisavam criar um "consumidor não satisfeito". Assim, mudanças nos modelos anuais – obsolescência planejada – foi a solução. O sucesso veio a depender da virtude de qualidades como desperdício, autoindulgência e obsolescência artificial. Como bem detectou David Lyon (1998, p. 101), isso traz graves consequências sociais: e no nível social, a pressão para gastar vem da rivalidade simbólica e das necessidades de construir nosso eu (imagem) através da aquisição do distinto e do diferente... O capitalismo não apenas permanece intacto, mas é ainda mais forte, e pode divisar um futuro melhor.

Pode-se dizer que o consumismo não conhece limites. Numa sociedade de consumidores, o céu é o único limite e o desperdício prevalece. Algo muito parecido com a sociedade do admirável mundo novo criada por Huxley (1969, p. 78): "jogar fora é melhor do que remendar. Quanto mais se remenda, menos se enriquece".

O desejo do homem pós-moderno de buscar algo novo e mais excitante é insaciável. Não fica satisfeito com o que tem e experimenta e, por isso, se movimenta em busca de uma nova experiência e de um novo produto. Essa situação é fácil de observar no âmbito comercial, em que um produto não tem mais a mesma vida longa que tinha em épocas anteriores. O ciclo comercial atual é cada vez mais curto. No reino do descartável, o conceito de tempo é revisto constantemente. Assim, os consumidores são "obrigados" a procurar constantemente um novo produto quando aquele que ainda possuem não "envelheceu". Na sociedade de consumo, o novo já nasce velho! Bauman (2001, p. 156) é claro a respeito desse tema:

> [...] a satisfação e o obsoleto são imediatos. Não só o conteúdo do guarda-roupa precisa ser mudado a cada estação – carros precisam ser trocados porque seu "design" ficou ultrapassado e machuca os olhos; bons computadores são jogados no ferro velho porque novos aparelhos os tornaram ultrapassados; esplêndidas e estimadas coleções de discos long-play são substituídas por fitas cassete para serem trocadas depois por CDs simplesmente porque as novas gravações não estão mais disponíveis nas formas anteriores.

A partilha passa a ser substituída pelo egoísmo, ou seja, uma sociedade não pode funcionar se todos os seus membros agirem sempre com intenções benévolas. O próprio ser humano se vê posicionado entre o instantâneo e o efêmero. E, nessa situação, o que lhe interessa é passar bem. A partir do momento em que ele perdeu a confiança nos projetos de transformação da sociedade, suas forças estão concentradas na realização pessoal. O que interessa ao indivíduo pós-moderno é a esfera individual e subjetiva da vida que diz respeito ao propósito de sua autorrealização e do descobrimento de sua verdadeira felicidade.

Nossa herança individualista nos ensinou que não existe esse negócio de bem comum, somente a soma de bens individuais. Porém, em nosso mundo globalizado e interdependente, a soma de bens individuais, organizada pela tirania do mercado, muitas vezes produz um mal comum que consequentemente acaba por corromper também nossa satisfação pessoal. Nesse sentido, a teologia deixa de ser vista como um instrumento para o indivíduo conseguir a autorrealização e passa a ser um instrumento por meio do qual ele pode entrar no disputado mercado de consumo e, assim, conseguir finalmente seu atestado de ser humano. A teologia passa a ser vista como a lenha que alimenta o fogo do desejo.

A palavra "egoísmo" entra num processo de renovação semântica. Não está mais vinculada à ânsia de possuir e cobiçar. Ao contrário, passa a codificar uma visão de liberdade humana que excede em muito o interesse próprio. O egoísmo, após essa cirurgia semântica, passa a ser virtude. O consumismo destrói a comunidade ao desencorajar a participação ativa. Contudo, a contradição está colocada: onde eu me sinto pessoalmente livre, em um supermercado onde ninguém me conhece, mas posso comprar o que eu desejar até quanto meu dinheiro permitir; ou em uma comunidade, onde os outros me aceitam simplesmente pelo que eu sou? A comunidade em solidariedade é um movimento de resistência contra a dominação e o controle da sociedade de afluência.

Estamos diante de um processo que transforma em virtude a ser cultivada pelos seres humanos o que antes era considerado um mal. Na visão de Milton Friedman, os seres humanos são maximizadores exclusivistas do interesse próprio, e a principal medida do interesse próprio é o dinheiro. Consequentemente, a economia se torna uma ciência completa que explica tudo. Ele define o egoísmo/virtude a partir da liberdade de escolha das pessoas conforme seus próprios interesses. Para ele, uma preocupação mesquinha com o mercado econômico tem gerado uma interpretação estreita do egoísmo que é visto como amor-próprio míope, preocupando-se exclusivamente com recompensas materiais.

Dessa forma, a economia tem sido censurada por tirar conclusões muito genéricas de um "homem econômico" inteiramente irreal, que é pouco mais que uma máquina de calcular, reagindo somente a estímulos monetários. Mas em defesa de uma nova concepção semântica, escreve (*apud* Novak, 1982, p. 109):

> Egoísmo não é amor-próprio míope. Ele é qualquer coisa que interesse aos participantes, a despeito do que estes valem, a despeito das metas que buscam. O cientista procurando avançar as fronteiras de sua matéria, o missionário buscando converter infiéis à fé verdadeira, o filantropo buscando levar conforto aos necessitados – todos vão à procura de seus interesses, como eles os vêem, como eles os julgam à luz de seus próprios valores.

Mike Featherstone (1991, p. 78) oferece algumas reflexões sobre a sociedade de consumo. Ele distingue três perspectivas na cultura do consumo:

- A visão que surge da expansão da produção capitalista de produtos com sua vasta acumulação de cultura material, tanto em mercadorias para compra quanto em lugares para consumo.
- Como as pessoas consomem diz algo sobre suas formas de criar vínculos ou distinções sociais. Nesse caso, satisfação e status dependem de como produtos e até mesmo imagens podem ser usados para mostrar e sustentar diferenças entre as pessoas.
- A conclusão sobre o efeito do consumo: "grupos sociais procuram classificar e ordenar suas circunstâncias sociais e usar bens culturais como um meio de demarcação, como comunicadores que estabelecem limites entre algumas pessoas e constroem pontes entre outras".

O indivíduo pós-moderno busca a felicidade plena baseada no hedonismo e, por conseguinte, no consumismo. De acordo com Hong (2001, p. 7), "o indivíduo pós-moderno não aparece como produtor, mas como consumidor dos produtos oferecidos pelo mercado". Essa busca interminável pela felicidade fundamentada no consumismo converte o ser humano em alguém cheio da necessidade compulsiva de consumir, alguém que busca produtos cada vez mais estimulantes, novos e finos. É certamente por essa razão que as agências de propaganda usam as mais sofisticadas combinações de mulheres bonitas, cores maravilhosas e esplêndidas trilhas sonoras para garantir a autoindulgência. Dessa forma, a satisfação instantânea substitui a frugalidade e a simplicidade. A descrição de Lyon (2001, p. 92) é apropriada:

> A imagem popular do pós-moderno é de pessoas "borboleteando" de loja em loja e de símbolo em símbolo, construindo constantemente a si mesmas, experimentando esta moda, aquele estilo. O resultado é um tipo de pessoa pastiche, assim, o ego – e a própria vida – se torna passageiro, efêmero, episódico e aparentemente insignificante.

Podemos falar da globalização do consumismo desenfreado. Entretanto, é necessário fazer uma ressalva: o consumismo é global não no sentido de que todos podem consumir, mas no sentido de que todos são afetados por ele. Afinal, somente os que não consomem, os que não estão suficientemente integrados no mercado consumidor, são afetados pela exclusão. Mas, pergunta-se, por que aqueles que não têm condições de consumir deveriam ser excluídos da participação plena na vida social e deixar, com isso, de serem cidadãos em sua plenitude?

Nessa expansão tentacular, nem mesmo a religião escapa ilesa. Nenhuma esfera da vida está imune às pressões do mercado. O poder de escolha do consumidor também pode se infiltrar na vida religiosa, na vida da Igreja e em sua teologia. Nesse aspecto, Reginaldo Bibby (*apud* Lyon, 1998, p. 95) argumenta que "a religião se tornou um item de consumo delicadamente embalado – assumindo seu lugar entre outras mercadorias que podem ser compradas ou rejeitadas de acordo com os caprichos de consumo de cada um".

A igreja corre o sério risco de se descaracterizar, de perder a sua identidade, tão peculiar e distinta das demais organizações da sociedade. Essa descaracterização faz com que ela se massifique a partir de uma mentalidade de informações superficiais que mais alienam do que produzem solidariedade: uma igreja desinformada, mas convicta de que os bens materiais são o supremo valor da existência. Uma sociedade irrelevante também deseja uma igreja irrelevante com sua teologia irrelevante.

O capitalismo é um sistema econômico centrado no desejo dos consumidores. Um desejo insatisfeito que atinge a todos indistintamente. E, nessa corrida sem fim rumo ao consumo infinito com o objetivo de satisfazer definitivamente toda sorte de desejos, esse sistema surge com sua roupagem teologizada: é claro que Deus pode e deverá suprir todos os desejos de seus fiéis, mas desde que eles não estejam em pecado. Percebe-se, claramente, a relação entre o sentimento religioso e o mercado. O sentimento religioso é utilizado em espaços que são próprios ao mercado nos quais se busca, em última instância, a realização do lucro.

A utilização da representação religiosa para alcançar objetivos meramente econômicos tem grande relevância numa sociedade em que a concorrência se torna cada vez mais acirrada e a reprodução e ampliação do capital, por consequência, fica mais difícil de ser realizada. Na sociedade contemporânea, a teologia, por tender a se adaptar à cultura circundante, tem se apropriado de valores e costumes próprios do mercado. Tudo passa a estar fragmentado, disperso e plural – como se estivesse numa prateleira de um supermercado, sujeito às escolhas e preferências do consumidor.

Uma teologia que estimula o consumo torna-se um foco de conflitos, visto que divide as relações humanas mais do que as unifica, distanciando-as de seu objetivo de gerar cooperação e solidariedade. O estímulo de um comportamento inviável aos pobres numa sociedade de ricos faz com que cresçam as ameaças de desestruturação, fragmentação e desarticulação. Trata-se de uma teologia típica da mentalidade capitalista, que vende produtos, ideias e estilos de vida infiltrados na igreja. A raiz dessa experiência é o totalitarismo da cultura hedonista. Nessa teologia, a voz do consumo é a voz de Deus.

Consequentemente, não é de se estranhar a proliferação de cultos banais, mensagens banais, publicações banais, criando uma teologia superficial, de consumo, sem exigências e só oferecimentos. Por que não dizer que essa teologia híbrida se apresenta como sintética, artificial e descartável? Um discurso irrelevante, em decorrência da preocupação com o mercado – e com pesquisas de mercado – que leva a adaptação da mensagem às necessidades dos ouvintes. O exemplo a seguir foi extraído de um jornal que circula em São Francisco, na Califórnia: o artigo diz que os membros da Igreja Luterana "Saint John" têm a garantia do dinheiro de volta. Eles podem doar para a Igreja por 90 dias, e, caso acharem que cometeram algum erro, não recebem a bênção ou podem ter seu dinheiro de volta. O programa é chamado *A Garantia de Deus*, e o pastor da igreja está confiante de que esse procedimento funcionará: "confiamos que Deus mantém suas promessas, tanto que estamos oferecendo esta política de dinheiro-de-volta", disse ele.

Uma antiga questão poderia ser colocada em termos atuais: o Mercado está aí por causa dos homens e mulheres ou os homens e mulheres estão aí por causa do Mercado? Uma possível resposta a essa pergunta foi dada por Moltmann (1999, p. 162): "Nas famílias, vizinhanças e comunidades livres os relacionamentos humanos existem em aceitação e reconhecimento mútuos. Se o mercado se torna o poder dominante, então os relacionamentos de aceitação e reconhecimento mútuos chegam ao fim".

CONCLUSÃO

Uma pergunta se manteve em minha mente durante o curso deste livro: Devemos viver com o objetivo de adquirir cada vez mais posses ou com o objetivo de praticar mais a solidariedade? Talvez a resposta a essa pergunta possa nos levar a trilhar por melhores caminhos teológicos e práticas eclesiais.

A alternativa para a pobreza não é a posse, mas a prática da solidariedade. Os seres humanos não são só seres autônomos, competitivos, consumistas, sujeitos autocentrados, mas também seres sociais. A economia de mercado não promove só indivíduos fortes; promove também comunidades fracas, minando as estruturas da solidariedade e fraturando as comunidades locais. Consequentemente, qualquer tipo de teologia que – com sua relação incestuosa com o capital e o lucro – defende o paradigma da globalização econômica que vê o ser humano como um ser econômico (*homo economicus*) deveria ser definitivamente rejeitada.

O chamado para a justiça econômica é um imperativo bíblico. Porém, algumas teologias podem imediatamente nos levar para dentro de uma zona de conflito com forças que negam às pessoas sua dignidade humana básica. Mas uma cena basta para nos ajudar a compreender esta situação. É a cena do homem com a "mão mirrada" que se passa em uma sinagoga num sábado. Todos estão olhando para Jesus – entre eles, muitas pessoas derrotadas – e os oponentes de Jesus procuram uma razão para acusá-lo. Notemos que Jesus está lidando aqui não só com a autoridade religiosa, mas também com o poder político, já que, nos termos da ocupação romana, o Sinédrio administrava os negócios dos judeus. Entretanto, Jesus continua a falar e curar o ser humano pobre e doente. Ao fazer isso, Jesus faz uma simples pergunta que confronta os poderes religiosos e políticos ali presentes e, ao mesmo tempo, cria uma nova teologia, ou, ao menos, mostra qual a tarefa primeira da teologia: "o que é lícito fazer no Sábado: o bem ou o mal, salvar uma vida ou matar?".

Está claro nessa narrativa que a ação de curar não é a ação central. Jesus deliberadamente escolhe confrontar uma teologia injusta e opressiva que colocava as regulamentações religiosas dos homens antes das pessoas e negava o verdadeiro caráter de Deus. Mas, para fazer isto, Jesus colocou sua vida em jogo.

O mundo mudará quando nós, cristãos, realmente obedecermos aquele a quem adoramos. E "obedecer" significa "seguir". Seguir os passos de Jesus significa vidas mais simples; significa igrejas transformadas com uma teologia que adore o Deus dos pobres, dos derrotados e dos oprimidos; uma teologia que siga Seus passos entre as pessoas excluídas; que busque a justiça para lhes aliviar a agonia; que tenha o objetivo de construir sistemas societários que trabalhem justamente para todos. Poderíamos, talvez, contrapor a teologia da prosperidade com a teologia do "suficiente". Essa última teologia teria a tarefa de apoiar as pessoas a desenvolverem modelos de estilo de vida pessoal mais simples e práticos que desencorajassem o excesso de consumo. O crescimento econômico ilimitado é uma Torre de Babel econômica, não uma meta bíblica.

Por muitos anos, a teologia da prosperidade olhou para o Evangelho e para a história a partir de uma posição superior. O resultado não é uma igreja para o pobre, mas uma igreja de cristãos que só olham para o pobre a partir da posição privilegiada que a riqueza lhes dá. Por quê? Possivelmente porque a presença do pobre nega a presença de Deus e sua vitória. Provavelmente o pobre é marginalizado, empurrado para a periferia, porque ele representa o que as pessoas mais temem e negam em si mesmas. Se formos definidos por quão bem estamos nos sentindo ou quão bem-sucedidos somos, essa seria também uma frágil definição de sucesso. Estaríamos ora por cima, ora por baixo. Isso mostra a falta de profundidade de uma cultura do consumo em oposição a uma autêntica cultura religiosa.

Uma igreja que defende a teologia da prosperidade torna-se uma igreja da classe média, ou mesmo uma igreja da classe média-alta, que claramente evita aquele Jesus que pregou contra os ricos e sua riqueza. Tal igreja não vê problema algum em fazer isso, assim como muitos cristãos hoje não veem problema em serem fabulosamente ricos, sem lerem os evangelhos corretamente. Se algumas passagens não se encaixam em sua cultura e estilo de vida, eles simplesmente as dispensam.

A teologia do consumo promove a procura pelo interesse próprio e isso viola uma parte inerente ao Evangelho que diz respeito à solidariedade em comunidade. Cecil (*apud* Gibbs; Bolger, 2005, 139) é claro a esse respeito:

> Minha convicção é que uma das razões pelas quais o cristianismo produz cristãos consumistas é porque temos priorizado o indivíduo e temos transformado Deus em uma "commodity". A igreja deve partilhar alguma responsabilidade por esse monstro que criamos. Nós fizemos de Jesus a principal mercadoria de consumo. Ele é embalado numa embalagem conveniente com a necessidade de uma hora de experiência com Deus, que acontece a cada domingo pela manhã.

Parece-me que Deus está nos pedindo para salvar a igreja e sua teologia de quaisquer outras distorções do Evangelho. Ele está nos pedindo para sermos solidários com a fraqueza e a verdade, para nos cercar daqueles sacramentos que são os enfraquecidos. Dessa forma, teremos a coragem de descobrir que também estamos enfraquecidos. Os pobres-enfraquecidos não são diferentes de nós; eles são só sacramentos mais visíveis do que aqueles que estamos tentando esconder.

Se Deus está presente entre as pessoas que sofrem nas narrativas bíblicas e Ele também sofre, então por meio de Sua solidariedade Ele declara a desumanidade e a falsidade dos poderes que dominam a sociedade. Além disso, se falamos aqui sobre um Deus absoluto, isso faria de Deus um nada aniquilante. Se falássemos aqui sobre um Deus indiferente, isso condenaria os homens à indiferença. Qualquer exaltação da dor ou satisfação com o sofrimento só podem perpetuar a violência. E tal violência é a manifestação, o efeito e a causa da própria dor.

No primeiro século, Jesus enfrentou a exclusão da Palestina e a confrontou com uma comunidade inclusiva. A exclusividade da pós-modernidade, com sua busca pelo igual e exclusão do diferente, precisa ser desafiada da mesma maneira. Qualquer entidade social na pós-modernidade que almeje imitar o Reino de Deus deve confrontar os aspectos que ordenam e controlam nosso contexto atual. Porém, enquanto no primeiro século a exclusão era uma proposta vinda de fora para dentro, isto é, de uma sociedade para a comunidade-igreja, a exclusão hoje é uma proposta que surge dentro da própria igreja.

A teologia não pode e nem deve simplesmente existir para si mesma, nem mesmo se tornar uma capelã para a sociedade de afluência. Ao contrário, a teologia deve demonstrar e indicar uma sociedade alternativa. Ela deve procurar a transformação da sociedade.

Penso que a melhor linguagem teológica não é aquela conectada ou assimilada pela economia de mercado. Há outras linguagens teológicas que necessitam ser ouvidas e compreendidas em conjunto, tais como a linguagem da dignidade humana, da integridade da criação, da justiça e da paz. Valor do mercado ou dignidade humana: qual sociedade nós realmente queremos? A resposta para essa pergunta também alerta sobre o tipo de teologia que está sendo oferecido aos fiéis e à sociedade.

Vitória, sucesso e riqueza estão muito além dos estreitos limites de qualquer confissão de fé. Consequentemente, ser cristão não é nenhuma garantia de sucesso, na mesma medida em que ser rico também não é nenhuma garantia de felicidade. O compromisso com o Deus da Bíblia nos liberta da suposição de que a vida encontra seu significado na riqueza e no consumo. Assim, vemos a busca por bens materiais como ela realmente é: uma terrível forma de idolatria que destrói nossa vida espiritual, a comunidade humana e mesmo a natureza.

Escolhi um pequeno poema de Michel Quoist para concluir este livro. Ele me traz à memória que o Deus em que cremos sofre. Minha intuição bíblica diz que um Deus que não pode sentir dor também não pode entender o sofrimento de milhares de pessoas que vivem na periferia da sociedade. Este poema deveria ser usado como uma bússola para orientar toda e qualquer tarefa teológica:

Eu não sou feito de gesso, Deus diz, nem de pedra ou de bronze,
Eu sou carne viva, que apanha, que sofre,
Eu estou entre os homens, e eles não me reconhecem
Eu sou mal pago, sou desempregado, vivo na favela,
tenho tuberculose
Eu durmo debaixo de pontes, eu sou dependente dos outros
E ainda digo a eles, "o que quer que fizerem a um desses humildes,
estarão fazendo a mim".
Está claro.
O pior é que eles sabem, mas eles não levam a sério.
Eles quebraram meu coração, diz Deus.

REFERÊNCIAS

AHLSTROM, G. W.

The history of ancient Palestine: a historical introduction. Minneapolis: Fortress Press, 1983.

BECKING, B.

Ezra, Nehemiah, and the Construction of Early Jewish Identity. Tubingen: Mohr Siebeck, 2011.

ALCORN, R. C.

Money, possessions and eternity. Wheaton, Ill.: Tyndale House, 1989.

ALEXANDER, J. F.

The Bible and the other side. *The Other Side*, v. 11, n. 5, p. 13-24, 1975.

ALVES, R. A.

A theology of human hope. New York: Corpus Books, 1969.

ALVES, R.

A empresa de cura divina: um fenômeno religioso?. *In*: VALLE, E.; QUEIROZ, J. J. (org.). A cultura do povo. São Paulo: Cortez & Moraes; Educ, 1979, p. 57-63.

A gestação do futuro. Campinas: Papirus, 1986.

ASSMANN, H.; HINKELAMMERT, F.

A idolatria do mercado. Petrópolis: Vozes, 1989.

BARRO, J. H.

Ações pastorais da igreja na cidade. Londrina: Descoberta, 2000.

De cidade em cidade. Londrina: Descoberta, 2003.

BARTH, K.

Dádiva e louvor: ensaios teológicos de Karl Barth. São Leopoldo: Sinodal, 1986.

BETTO, F.

Religião do consumo. *Jornal Ciência e Fé*, v. 2, n. 29, abr., 2001. Disponível em: http://www.cienciaefe.org.br/jornal/arquivo/betto/relig.htm. Acesso em: 26 jan. 2011.

BAUMAN, Z.

Liquid modernity. Cambridge, UK: Polity Press; Malden, MA: Blackwell, 2000.

The individualized society. Cambridge, UK; Malden, MA: Polity Press, 2001.

Liquid love: on the frailty of human bonds. Cambridge, UK: Polity Press; Malden, MA USA, 2003.

BEDFORD, P. R.

The Satrapies of the Persian Empire: Ebir- nari/ Syria. *In*: RADNER, K. *et al.* (ed.). *The Age of Persia*. History of the Ancient Near East. Volume V. New York: Oxford University Press, 2023.

BIRCH, B. C.; RASMUSSEN, L. L.

The predicament of the prosperous. Philadelphia: Westminster Press, 1978.

BOBSIN, O.

Desafios urbanos à Igreja. São Leopoldo: Sinodal, 1995.

BONHOEFFER, D.

Letters and papers from prison. London: SCM Press, 1971.

BRIANT, P.

From Cyrus to Alexander: a history of the Persian Empire. Winona Lake, IN: Eisenbrauns, 2002.

BRIGHT, J.

História de Israel. São Paulo: Paulus, 2004.

CAMPOS, L. S.

Why historic churches are declining and pentecostal churches are growing in Brazil: a sociological perspective. In: GUTIERREZ, B. F.; SMITH, D. A. (org.). *In the power of the spirit*. Pennsylvania: Drexell Hill, 1996, p. 25-38.

Teatro, templo e mercado: organização e marketing de um empreendimento pentescostal. Petrópolis: Vozes; São Paulo: Umesp, 1999.

CARROLL, R.P.

The Myth of the Empty Land. *Semeia* 59:79–93, 1992.

CARTER, C. E.

Syria-Palestine in the Persian period in near Eastern archaeology. Winona Lake: Eisenbrauns, 2003.

The Emergence of Yehud in the Persian Period: A Social and Demographic Study. Sheffield: Sheffield Academic Press, 1999

CASTELLS, M.

A questão Urbana. Paz e Terra, 1983.

CAZELLES, H.

História política de Israel. São Paulo: Paulinas, 1986.

CESAR, E. E. B.

A violência. *Simpósio*, São Paulo, n. 23, p. 37-48, 1981.

COMBLIN, J.

A força da palavra. Petrópolis: Vozes, 1986.

Pastoral urbana. Petrópolis: Vozes, 1999.

Teologia da cidade. São Paulo: Paulinas, 1999.

COPELAND, K.

Welcome to the family. Fort Worth: KCP, 1979.

The power of the tongue. Fort Worth: KCP, 1980.

The force of faith. Fort Worth: KCP, 1983.

CROATTO, J. S.

Os ídolos da opressão e a busca de um Deus libertador. *In*: RICHARD, P. (org.). *A luta dos deuses*. 2. ed. São Paulo: Paulinas, 1985, p. 21-37.

A dívida na reforma social de Neemias: um estudo de Neemias. *Revista de Interpretação Bíblica Latino Americana*, n. 5/6, p. 25-34, 1990.

DANDAMAEV, M. A.

A political history of the Achaemenid Empire. Leiden: E. J. Brill, 1989.

DONNER, H.

História de Israel e dos povos vizinhos. Petrópolis: Vozes, 1997.

DHORME, E.

Le livre de Job. Paris: Gabalda, 1926.

DRANE, J. W.

The McDonaldization of the church: consumer culture and the church's future. London: Darton, Longamn and Todd, 2000.

ENTWISTLE, B.

Making cities work. Hope Publishing House, 1990.

FEE, G.

The disease of the health and wealth gospels. Sommerville: Frontline Pub: Mass, 1985.

FEATHERSTONE, M.

Consumer culture and postmodernism. London: Sage, 1991.

FINKELSTEIN, I.; SILBERMAN, N. A.

A Bíblia desenterrada: A nova visão arqueológica do antigo Israel e das origens dos seus textos sagrados. Petrópolis: Vozes, 2018.

FINKELSTEIN, I.

Jerusalem in the Persian (and Early Hellenistic) Period and the Wall of Nehemiah. *Journal for the Study of the Old Testament*, v. 32, n. 4, p. 501-520, 2008.

FOUCAULT, M.

Microfísica do poder. Rio de Janeiro: Graal, 1990.

Vigiar e punir. Petrópolis: Vozes, 1991.

Em defesa da sociedade. São Paulo: Martins Fontes, 2002.

FOHRER, G.

Das Buch Hiob. Gutersloh, 1963.

FREIRE, P.

La educación como práctica de la liberdad. Montevideo: Tierra Nova, 1969.

Conscientizacion. Bogotá: APE, 1972.

Pedagogia do oprimido. São Paulo: Paz e Terra, 1988.

FRESTON, P.

Visão histórica. *In*: ANTONIAZZI, A. *et al*. *Nem anjos nem demônios*. Petrópolis: Vozes, 1994. p. 67-159.

FRIZZO, A. C.

A província de Yehud. *In*: NAKANOSE, S.; DIETRICH, L. J. (org.). *Uma história de Israel:* leitura crítica da Bíblia e arqueologia. São Paulo: Paulus, 2022.

FROMM, E.

El corazón del hombre, Breviario. México: FCE, 1967.

GELIN, A.

The poor of Yahweh. Collegeville: The Liturgical Press, 1964.

GERSTENBERGER, E.

Leviticus. Lousville: Westminster John Knox Press, 1996.

GIBBS, E.; BOLGER, R. K.

Emerging churches: creating Christian community in postmodern cultures. Grand Rapids: Baker Academic, 2005.

GOTTWALD, N. K.

Introdução socioliterária à Bíblia hebraica. São Paulo: Paulinas, 1988.

GRABBE, L. L.

A History of the Jews and Judaism in the Second Temple Period. London: T&T Clark, 2004. v. 1.

GUTIERREZ, G.

A força histórica dos pobres. Petrópolis: Vozes, 1984.

Falar de Deus a partir do sofrimento do inocente. Petrópolis: Vozes, 1986.

HAGIN, K. E.

Right and wrong thinking. Tulsa: Kenneth Hagin Ministries, 1966.

I believe in visions. Old Tappan: Revell, 1972a.

News thresholds of faith. Tulsa: Kenneth Hagin Ministries, 1972b.

Real faith. Tulsa: Kenneth Hagin Ministries, 1979.

How God taught me about prosperity. Tulsa: Kenneth Hagin Ministries, 1985.

Zoe: the God-kind of life. Kenneth Hagin Ministries: Tulsa, 1989.

HANKS, T.

God so loved the third world. New York: Orbis Books, 1983.

HABEL, N. C.

The book of Job. Oxford: London, 1985.

HAYES, H.; MILLER, J. M.

Israelite and Judaean history. Philadelphia: Trinity Press International, 1990.

HERZOG, W.

Jesus, justice and the reign of God: a ministry of liberation. Louisville: WJK Press, 2000.

HINKELAMMERT, F.

Crítica da razão utópica. São Paulo: Paulinas, 1986.

Sacrifícios humanos e sociedade ocidental: Lúcifer e a Besta. São Paulo: Paulus, 1995.

HOBBES, T.

Coleção Os Pensadores. São Paulo: Nova Cultural, 1987.

HOGLUND, K. G.

Achaemenid imperial administration in Syria-Palestine and the missions of Ezra and Nehemiah. Atlanta: Scholars, 1992. (SBL Dissertation Series, 125).

HONG, I. S.

Una iglesia posmoderna? Buenos Aires: Kairos Ediciones, 2001.

HUXLEY, H.

Admirável mundo novo. Rio de Janeiro: Bradil-Dinal, 1969.

IRVINE, G.

Best things in the worst times. Wilsonville: BookPaterns, 1996.

JOSEFO, F.

Las guerras de los judios. Barcelona: Clie, 1998. Tomo I.

KAEFER, J. A.; DIETRICH, L. J.

A consolidação dos reinos de Israel Norte e Judá. *In:* NAKANOSE, S.; DIETRICH, L. J. (org.). *Uma história de Israel:* leitura crítica da Bíblia e arqueologia. São Paulo: Paulus, 2022.

KESSLER, R.

História social do antigo Israel. São Paulo: Paulinas, 2009.

KIPPENBERG, H. G.

Religião e formação de classes na antiga Judeia. São Paulo: Paulinas, 1988.

KITAMORI, S.

Teologia del dolor de Dios. Salamanca: Sígueme, 1986.

KUSHNER, S.

When bad things happen to good people. Pan Books, 1982.

LANDES, D. S.

The wealth and poverty of nations. New York: W. W. Norton, 1998.

LANGGUT, D. *et al.*

Fossil pollen reveals the secrets of the Royal Persian Garden at Ramat Rahel, Jerusalem. *Palynology*, vol. 37, n. 1, 2013, p. 115-129.

LEITH, M. J. W.

Israel among the nations: the Persian period. *In*: COOGAN, M. D. *The Oxford history of the biblical world*. Cambridge, MA: Oxford University Press, 2002. p. 276-316.

LEMCHE, N. P.

Ancient Israel: A New History of Israelite Society. *Biblical Seminar* 5. Sheffield, 1988.

LIBÂNIO, J. B.; MURAD, A.

Introdução à teologia. São Paulo: Loyola, 1996.

LIVERANI, M.

Para além da Bíblia: história antiga de Israel. São Paulo: Paulus, 2008.

Mas Allá de la Biblia: Historia Antigua de Israel. Barcelona: Critica, 2005.

Prestige and Interest: International Relations in the Near East ca. 1600-1100 B.C. Padova: Sargón, 1990.

Antigo Oriente: história, sociedade e economia. São Paulo: Edusp, 2016.

LYON, D.

Pós-modernidade. São Paulo: Paulus, 1998.

Jesus in Disneyland: religion in postmodern times. Malden: Blackwell, 2001.

MACEDO, E.

Vida com abundância. Rio de Janeiro: Gráfica Universal, 1993.

MARIANO, R.

Neopentecostais: sociologia do novo pentecostalismo brasileiro. São Paulo: Loyola, 1999.

MARIZ, C. L.

Pentecostalism and confrontation with poverty in Brazil. *In*: GUTIERREZ, B. F.; SMITH, D. A. (org.). *In the power of the spirit.* Pennsylvania: Drexel Hill, 1996, p. 39-47.

METZGER, M.

História de Israel. São Leopoldo: Sinodal, 1981.

MIRANDA, J.

Carisma, sociedade e política. Rio de Janeiro: Relume Dumará, 1999.

MOLTMANN, J.

Crucified God. Minneapolis: Fortress Press, 1993

Quem é Jesus Cristo para nós hoje? Petrópolis: Vozes, 1997.

God for a secular society: the public relevance of theology. Minneapolis: Fortress Press, 1999.

MONTEIRO, D. T.

Igrejas, seitas e agências: aspectos de um ecumenismo popular?. *In:* VALLE, E.; QUEIROZ, J. J. (org.). *A cultura do povo.* São Paulo: Cortez & Moraes; Educ, 1979, p. 48-55.

NOVAK, M.

O espírito do capitalismo democrático. Rio de Janeiro: Nórdica, 1982.

O'CONNOR, E.

Search for silence. San Diego: LuraMedia, 1986.

ORLANDI, E. P. (org.).

Palavra, fé e poder. São Paulo: Pontes, 1987.

PIXLEY, J.

História de Israel a partir dos pobres. Petrópolis: Vozes, 1989.

PREISSWERK, M.

Educacion popular y teologia de la liberacion. San Jose: Asodei, 2005.

PROENÇA, W. L.

Magia, prosperidade e messianismo: o "sagrado selvagem" nas representações e práticas de leitura do pentecostalismo brasileiro. Curitiba: Quatro Ventos, 2003.

RAD, G. VON.

Old testament theology. New York: Harper & Row, 1967.

REID, D. G. (coord.).

Dictionary of Christianity in America. Downers Grove: InterVarsity Press, 1990.

RITZER, G.

The McDonaldization of society: an investigation into the changing character of contemporary social life. Thousand Oaks: Pine Forge Press, 1993.

McDonaldization: the reader. Thousand Oaks: Pine Forge Press, 2002.

ROHR, R.

Job and the mystery of suffering. New York: Crossroad Publisher Company, 1996.

ROOT, M. C.

Art and Architecture (Persian Art). *ABD* 1:440–47, 1992.

ROSE, L. L.

An urban world: churches face the future. Broadman Press, 1984.

ROSSI, L. A. S.

Sapienciais: sabedoria a favor da libertação. São Paulo: Paulus, 2018

A falsa religião e a amizade enganadora: o livro de Jó. São Paulo: Paulus, 2005.

Messianismo e modernidade. São Paulo: Paulus, 2002.

SANTA ANA, J.

O amor e as paixões. São Paulo: Santuário, 1989.

SASSEN, S.

As cidades na economia mundial. Nobel, 1984.

SCHIPANI, D. S.

Conscientizacion and creativity. Lanham: University Press of America, 1984.

SCHOKEL, L. A.

Job. Ediciones Cristandade: Madrid, 1983.

SHEPARD, D.

Built as a city: God and urban world today. Hodder and Stoughton, Oxford, 1994.

SIDER, R. J.

Rich Christians in an age of hunger: moving from affluence to generosity. Nashville: WPublishing Group, 1997.

SIMON, A.

How much is enough?: hungering for God in an affluent culture. Grand Rapids: Baker Books, 2003.

SOLLE, D.

Sufrimiento. Salamanca: Sígueme, 1988.

SOUZA, E. C. B; MAGALHÃES, M. D. B.

Os pentecostais: entre a fé e a política. *Revista Brasileira de História*, v. 22, n. 43, p. 85-105, 2002.

STACKHOUSE, M. L.; DEARBURN, T.; PAETH, S.

The local church in a global era: reflections for a new century. Grand Rapids: W. B. Eerdmans, 2000.

SUNG, J. M.

Desejo, mercado e religião. Petrópolis: Fonte Editorial, 2008.

STERN, E.

Material Culture of the Land of the Bible in the Persian Period 538–332 B.C. Warminster: Aris & Phillips, 1982.

TEBES, J. M.

Centro y periferia en el mundo antigo. SBL/UCA, 2008.

TERNAY, H.

O livro de Jó. Petrópolis: Vozes, 2001.

TOURNIER, P.

Culpa e graça. São Paulo: ABU, 1985.

TUNNERMANN, R.

As reformas de Neemias: a reconstrução de Jerusalém e a reorganização de Judá no período persa. São Paulo: Paulus, 2001.

WARD, P.

Liquid church. Cumbria: Paternoster Press, 2003.

WEAVER, J.

Having a Mary heart in a Martha world. Colorado: Waterbrook Press, 2005.

WHYBRAY, N.

Job. Sheffield: Sheffield Academic Press, 1998.

FONTES Minion Pro & Vista Sans OTCE
PAPEL Pólen Natural 80 g/m2
IMPRESSÃO Meta Gráfica